개항으로 세계를 만난
**조선 사람들의**
**근대 생활 탐구**

개항으로 세계를 만난

# 조선 사람들의

# 근대
# 생활
# 탐구

권나리 김승연 맹수용 박지숙 송치중 이은홍 조정은 최운 허두영 지음

역사교과서연구소 감수

**푸른숲주니어**

# 2 신문물이 일상생활을 바꾸다

# 3 새로운 세상에 눈뜨다

# 4 미래를 향해 나아가다

# 근대로 떠나는 탐구 여행

우리 역사 속에서 '근대'가 갖는 의미는 매우 큽니다. 근대는 현재 우리의 삶과 매우 밀접하게 연관되어 있기 때문입니다. 그뿐 아니라 이전과 달라진 새로운 세계관과 확장된 대외 관계 속에서 기존의 모든 상식과 관념에서 벗어나야 살아남을 수 있는 격동의 시대였지요.

그 변화의 한가운데를 관통하며 살아야 했던 사람들의 삶은 몹시 어렵고 혼란스러웠을 것입니다. 당시 사람들에겐 끝이 보이지 않는 막막함과 불확실한 도전의 연속이 아니었을까요? 시기를 명확히 정의할 수도 없고, 단순하게 평가할 수도 없는 다채로운 시대가 바로 '근대'입니다.

그런 의미에서 이 책을 쓴 선생님들은 근대를 공부할 때마다 늘 가슴이 두근거리고 설렜던 것 같습니다. 내가 그 시대에 살았다면 어떤 선택을 했을지, 무엇이 최선이었을지, 그랬다면 현재 우리의 삶이 어떻게 달라졌을지 궁금했거든요.

선생님들이 먼저 했던 그 경험을 여러분에게 소개하고 같이 나누고 싶었습니다. 교과서 속 지루한 이야기를 넘어서서, 근대를 살았던 사람들의 흥미진진한 경험과 좌충우돌, 그리고 시행착오에 대해서 말이지요.

당시 사람들은 삶을 흔들었던 충격적인 변화 속에서 저마다 나름의 목적과 이유를 가지고 버티며 살아냈습니다. 근대를 살았던 사람들의 이야기는 분명 오늘을 살아가는 우리에게 긍정적인 자극과 통찰을 줄 것입니다.

이 책은 수많은 역사 선생님들을 흥미진진한 근대 역사 여행으로 안내해 주신 고(故) 한철호 선생님께 전해 드리고 싶은 편지이기도 합니다. 대학 강의실에서 항상 열정을 가지고 반짝이는 아이디어를 통해 순식간에 예비 역사 교사들을 격동적인 근대 세계로 이끌어 주신 최초의 선장님이셨지요.

이제 여러분이 N번째 선장이 되어 근대의 시간 속으로 여행을 떠나 보시기 바랍니다. 탐험가, 작가, 기자, 아니면 작은 식당의 요리사가 되어서 말이지요. 저 멀리서 들려오는 근대를 살았던 사람들의 숨소리를 느끼며, 그 시대의 어딘가를 함께 거닐어 보기를 바랍니다.

이 책을 읽는 여러분은 아마 선생님들이 가졌던 그런 호기심과 열정을 갖게 되실 겁니다. 근대의 모든 것을 볼 수는 없겠지만, 여행하고 싶은 흥미로운 시대에서 근대가 갖는 의미를 이야기할 수 있는 출발점이 되면 좋겠습니다.

2024년 5월 어느 날,
9명의 저자를 대표하여 권나리 씀

# 1

"조선의 개항은

자의든 타의든 피할 수 없는 시대의 흐름이었어요.

결국 조선도 나라의 문을 열고

서구 문물을 거센 파도처럼 맞이하게 됩니다."

# 조선에
# 개화의 바람이
# 불다

청 광저우의 외국 상관

# 탐색에서 침략까지,
## 조선과 서양의 만남

　이 그림은 조선 후기 화가 김득신의 〈밀희투전〉입니다. 길고 두꺼운 종이(패)를 들고 노름을 하고 있는 사람들이 보이지요? 영조 때부터 이런 투전판이 크게 벌어져 패가망신하는 사람들이 많았다고 합니다. 나라에서 투전판을 꾸준히 단속했지만 효과는 그다지 없었다고 해요. 그런데 그림을 자세히 보니, 왼쪽 두 번째에 있는 사람이 안경을 쓰고 있네요? 조선 시대 그림에 안경이 등장하다니, 뭔가 이상하지 않나요?

## 조선에는 어떤 서양 물건들이 들어왔을까?

조선이 서양과 정식으로 교류하기 전에 이미 서양 물건들이 들어와 있었어요. 대표적으로 안경을 들 수 있지요. 안경은 임진왜란 전후에 중국을 다녀온 사신들로부터 전해진 것으로 보입니다.

그 뒤 조선에 안경을 만드는 공방이 생겼고, 왕을 비롯하여 학자, 부녀자, 기술자 등 다양한 사람들이 일상생활에서 안경을 썼어요. 그 당시에는 왕이나 어른 앞에서 안경을 쓰면 건방진 행동으로 여겨 예법에 어긋난 것이라 했다네요.

17세기 무렵, 중국을 통해 자명종이 들어왔어요. 하지만 가격이 너무 비싸서 왕실이나 부유한 양반이 아니면 갖기가 힘들었습니다. 하루 종일 농사짓는 대다수의 백성들에게는 별로 필요없는 물건이었습니다.

자명종(17세기)과 김성일의 안경(16세기 말). 안경테는 거북이 등껍질로, 귀에 걸치는 부분은 실로 만들었다.

그렇다면 백성들 사이에서 가장 인기를 끈 서양 물건은 무엇일까요? 바로 '서양목'이라고 불린 면직물이에요. 청의 광둥성을 거쳐 조선으로 몰래 들어왔다고 해요. 1866년에 기정진이 고종에게 올린 상소에는 서양

목에 대한 당시 분위기를 알 수 있는 내용이 담겨 있어요.

요즘 사치를 좋아하는 경박한 무리가 서양 물건이라면 무엇이든 쌓아
두려 하고, 너나없이 서양 천으로 옷을 만들어 입는데 (중략) 중앙과 지방
관리들에게 명하여, 가게에 쌓아 두고 있는 서양 물건들을 수색하고 압수
한 뒤 사거리에서 불태워 버리소서. 이렇게 한 후에도 계속 사들이는 자들
은 외적과 내통한 죄를 물어 크게 벌을 내리는 것이 마땅하옵니다.

_《고종실록》

그 당시 조선은 어린 고종을 대신하여 흥선 대원군이 권력을
잡고 있었어요. 흥선 대원군이 통상 수교 거부 정책을 펼치면서
서양을 배척하고 있었지요. 그런데도 서양 물건을 쌓아 두는 사
람들이 있었다니, 놀랍기 그지없군요. 서양 물건은 대체 어떻게
조선으로 들어오게 된 걸까요?

## 너무도 낯설고 먼 미지의 세계, 서양

서양 물건은 대부분 중국이나 일본을 통해서 들어왔어요. 두
나라는 대외 무역을 통제하면서도 서양과 직접 교류하는 통로가
따로 있었거든요. 중국은 16세기 명나라 때부터 포르투갈인이

마카오에 거주하며 무역을 했고, 서양 선교사들이 들어와 베이징에 천주당을 설립하기도 했습니다. 청은 광저우를 개방하여 제한된 무역을 허용했고요.

한편, 쇄국 정책을 강하게 펼치던 일본은 17세기 나가사키 앞바다에 인공 섬 데지마를 조성하고, 네덜란드 상인에게만 출입을 허용했어요. 이때 일본에 수입된 서양 물건이 부산에 설치된 왜관을 통해 조선에도 들어왔지요.

그렇다면 조선은 어땠을까요? 우선 조선은 어디에 어떤 서양 국가들이 있는지조차 잘 몰랐던 것 같습니다. 17세기에 일본으로 향하던 벨테브레이와 하멜 일행이 연달아 조선에 온 적이 있습니다. 이들은 네덜란드 사람이었지만, 《조선왕조실록》에는 남쪽 오랑캐라는 뜻의 '남만인'이라고 적혀 있습니다. 하멜 일행을

청 광저우의 외국 상관

일본 나가사키 앞바다의 인공 섬 데지마

'아란타 사람'이라고 기록한 내용도 있는데, 네덜란드를 오늘날의 대만으로 착각하기도 했습니다. 이처럼 낯선 서양은 조선에 너무나도 미지의 세계였어요.

또, 조선이 서양과 직접 교류하는 데는 두 가지 어려움이 있었어요. 첫 번째는 조선이 속한 중국 중심의 국제 질서와 외교 방식이에요. 모든 국가가 형식적으로나마 일대일로 대등하게 국교를 맺는 서양과 달리, 동아시아에는 국가와 국가 사이에 서열이 있었거든요. 큰 나라와 작은 나라의 역할이 엄연히 다르다고 여겼지요.

중국은 황제국으로서 주변국의 군주를 인정하는 '책봉'을 했고,

조선 사람들의 근대 생활 탐구

주변국은 중국에 사신을 보내 예물을 바치는 '조공'을 했어요. 책봉과 조공은 중국과 이웃 국가들이 서로 우호 관계를 확인하는 외교 형식이에요.

책봉과 조공 관계를 맺었다고 하여 지배와 피지배의 관계인 것은 아니지만, 중국 중심의 국제 질서에 속한 조선이 서양 국가와 외교 관계를 맺는 것은 규칙에 어긋나는 행위였지요. 따라서 조선은 서양 국가들이 통상을 요구할 때마다 청의 승인 없이 교류할 수 없다며 거절하곤 했습니다.

두 번째 어려움은 바로 조선의 유교 질서와 가치관이에요. 조선의 지배층은 세상을 문명이 발달한 '중화'와 예의 없고 미개한 '오랑캐'로 구분했습니다. 조선의 사대부들이 보기에, 서양은 가까이하면 안 될 오랑캐였답니다. 그렇게 생각한 이유 중 하나는 천주교 때문이었어요.

천주교는 17세기 무렵에 중국을 오가던 사신들을 통해 조선에 들어왔습니다. 초기에는 서양의 학문으로 연구되다가 점차 신앙으로 자리 잡게 되었지요. 신 앞에 모두가 평등할 뿐 아니라 내세에서 구원을 받는다는 천주교의 교리는 백성들에게 큰 호응을 얻었어요.

천주교가 널리 퍼질수록 조선의 지배층은 위기감에 휩싸였습니다. 천주교의 평등사상이 양반 중심의 신분 질서를 부정한다고 여겼거든요.

더구나 정조 때 천주교 신자인 윤지충이 돌아가신 어머니의 신주를 불태우고 제사를 폐지하는 일이 벌어졌습니다. 이는 유교국가 조선에서는 있을 수 없는 일이었지요. 윤지충은 처형되었고, 관련자들은 모두 처벌을 받았습니다.

이 일을 계기로 천주교는 '아비도, 임금도 알아보지 못하는 사교'로 낙인찍히게 된답니다. 이후 조선 정부는 몇 차례에 걸쳐 대대적으로 천주교 신자들을 잡아내어 처형했어요.

이처럼 중국 중심의 세계관과 유교적 가치관 때문에 조선이 서양과 직접 교류하는 것은 굉장히 어려운 상황이었습니다. 그러나 조선의 의지와 상관없이 19세기에 서양 선박들이 조선 앞바다에 점점 자주 출몰하기 시작했고, 조선은 서양을 마주할 수밖에 없게 되지요.

## 조선과 서양, 서로의 첫인상은?

조선과 마찬가지로, 서양 국가들도 조선의 존재를 아주 어렴풋이 알고 있었습니다. 1653년에 조선에 표류하여 십삼 년간 억류되었다가 탈출한 네덜란드인 하멜이 남긴 《하멜 표류기》는 조선을 서양에 소개한 귀한 자료예요.

18세기에 뒤 알드 신부가 지은 《조선전》은 비록 오류가 있긴 하지만 조선의 역사와 지리, 풍속을 꽤 자세히 소개하고 있어요. 이러한 책들이 탐험가들의 호기심을 자극하게 되지요.

조선에 정박한 첫 서양 선박은 영국의 프로비던스호였어요. 대포로 무장한 채 승무원 수십 명이 타고 있던 이 배는 1797년 항해 중에 피난처를 찾아 오늘날 부산 용당동인 동래부 용당포에 들어왔습니다. 그걸 보고 관리들을 비롯해서 마을 주민들이 호기심과 경계심이 가득한 눈빛으로 몰려갔어요. 그들은 과연 의사소통을 어떻게 했을까요?

관리들이 중국어와 만주어, 일본어, 몽골어를 모두 시도해 보았지만 전혀 통하지 않았습니다. 프로비던스호의 승무원들에게 글자를 쓰게 했더니, '구름과 산과 같은 그림'을 그려서 이해할 수 없었습니다. 아마 알파벳이겠지요.

《하멜 표류기》의 삽화. 제주도 앞바다에 난파한 하멜 일행의 배가 그려져 있다.

결국 조선 관리들은 눈치껏 물과 음식을 주었고, 프로비던스호는 얼마 후 스스로 조선을 떠났습니다.

온성
경원

1794
1854
1855

1866
1866
1856
1832
1866

평양
원산

동해

강화도
조선
한성(서울)

1855

1866
1832
1816
1840
1868
1862
1847

인천

덕산

1855

황해

부산
1860
1859

목포
1866

1852
1852

제주

조선 앞바다에 나타난 이양선

그 후에도 조선에 이양선이 표류하거나 정박한 일이 몇 차례 더 있었어요. 이양선이란 조선의 배들과 다르게 생겼다고 해서 붙은 이름으로, 보통 서양의 배를 가리켜요.

조선 정부는 서양을 경계하되, 표류해 온 이양선은 인도적으로 대했습니다. 선원들에게 마실 물과 식량을 주었고, 배의 수리가 끝나면 곧바로 떠나게 했지요. 타고 갈 배가 없을 때는 서양인들을 청으로 보내 귀국을 도와주기도 했고요.

하지만 정부의 허가 없이 서양인들과 접촉하는 사람들은 엄히 처벌했습니다. 사실 이양선이 오면 주민들은 배에 올라 구경하거나 관리들과 함께 술을 마시며 흥겨운 시간을 보내기도 했어요. 그러다가 갑자기 서양인들한테 받은 선물을 돌려주고선 빨리 떠나라고 요구했지요. 아마도 처벌을 받을까 봐 두려워서 그랬을 거예요.

그런데 이양선들이 조선의 해안에 함부로 상륙하고 가축을 약

탈하는 일이 점차 늘어났습니다. 더구나 동아시아 최대 강국인 청이 아편 전쟁에서 영국에 패하고 굴욕적인 불평등 조약을 체결했어요. 청은 어쩔 수 없이 홍콩을 영국에 내주고는 상하이를 포함한 5개 항구를 개항했지요.

이를 계기로 서양의 여러 나라가 청과 불평등한 조약을 맺고 이익을 다투게 됩니다. 식민지 쟁탈 경쟁이 한창 극성스러웠던

여기서 잠깐

### ☙ 청이 영국에 패배한 아편 전쟁 ❧

19세기 영국은 청에서 차나 비단 등을 수입하고, 그 대가를 은으로 지급했어요. 그런데 차는 인기가 많은 반면, 영국 상품은 청에 별로 수입되지 않아 무역 적자가 심해졌지요. 그러자 영국은 자기 나라의 이익을 위해 아편을 청에다 몰래 팔기 시작합니다.

아편에 중독되는 사람이 늘어나면서 막대한 은이 영국으로 빠져나가자, 청은 아편 단속을 강화하기 시작해요. 그러자 영국이 이를 빌미로 아편 전쟁(1840~1842)을 일으킵니다. 이 전쟁에서 패한 청은 난징 조약(1842)을 강제로 체결하게 되었어요. 난징 조약은 청이 처음으로 맺은 근대적 조약이자 불공평한 조약이에요.

이 조약으로 영국은 5개 항구에서 자유롭게 무역을 하게 되고, 홍콩의 지배권도 얻는답니다. 그 후 영국은 청에서 무역을 확대하기 위해 프랑스와 힘을 합쳐 제2차 아편 전쟁(1856~1860)을 일으켜요. 청은 이 전쟁에서 더 크게 패하여 수도 베이징이 함락되고 황제가 피난 가는 수모를 겪습니다. 결국엔 베이징 조약(1860)을 체결하여 더 많은 항구를 개방하고, 막대한 배상금은 물론 영토 일부까지 내주어야만 했습니다.

이때는 서양의 여러 나라들이 자기 나라의 이익을 위해 전쟁을 일으키는 것도 서슴지 않았어요.

이처럼 서양 세력이 수단과 방법을 가리지 않고 동아시아에 침투하는 사이에, 일본도 미국의 무력에 굴복하여 개항을 했습니다.


## 조선 대 서양, 드디어 맞붙다

조선은 강제로 개항하게 된 청의 상황을 주시하며 서양 세력을 경계했어요. 그런데 1860년 영국과 프랑스 군대가 청의 수도 베이징을 함락했고, 러시아가 남하하여 조선과 국경을 마주했습니다. 이러한 상황에서 마침내 조선과 서양이 충돌하게 됩니다.

1866년 미국인 소유의 상선 제너럴셔먼호가 평양에 와서 통상을 요구했습니다. 말이 상선이지 무장을 하고 있었으니 군함과 다를 바 없었어요. 제너럴셔먼호는 대동강을 거슬러 올라와 행패를 부리다가 평양 관군과 백성들의 손에 불타 격침되고 맙니다.

그로부터 몇 달 후, 이번에는 프랑스군이 강화도로 침입해 왔어요. 이 사건이 바로 병인양요예요. 병인년에 일어난 서양 오랑캐의 난이라는 뜻이지요. 프랑스는 천주교 박해 때 선교사들이 처형당한 일을 빌미로 쳐들어왔다고 해요. 사실 속내는 무력으로 조선을 개항시키려는 목적이 더 컸을 테지만요.

결국 조선의 완강한 저항에 막혀 물러갔지만, 프랑스군은 강화성에 불을 지르고 외규장각에 보관된 책과 재물을 모조리 약탈해 갔어요.

병인양요를 겪은 지 오 년 후, 이번에는 미군이 강화도로 쳐들어왔습니다. 이 사건을 신미년에 일어난 서양 오랑캐의 난이라고 해서 '신미양요'라고 부른답니다. 그들의 명분은 제너럴셔먼호 사건의 진상을 밝힌다는 것이었지만, 역시 무력으로 조선을 개항시키려는 속내를 품고 있었지요.

전투태세를 갖춘 미군은 우세한 화력으로 강화도의 거점을 차례로 점령해 나갔습니다. 조선군은 필사적으로 싸웠지만, 신식 무기를 사용하는 미군을 막기에는 역부족이었어요.

자신들이 압도적으로 이겼다고 생각한 미군은 조선 정부와 통상 수교에 대한 협상을 시도했어요. 그런데 흥선 대원군은 끝까지 싸우겠다는 의지를 불태웠습니다. 결국 더 이상의 협상이 불가능하다고 여긴 미군은 스스로 철수를 했지요.

이렇게 연달아 프랑스군과 미군을 물리친(?) 조선은 어떤 분위기였을까요? 지배층은 위기감을 느낄 수밖에 없었어요. 수도인 한성(서울)과 가까운 강화도가 두 번이나 서양 군대의 침입을 받았으니까요. 그래서 강화도를 더욱더 철저하게 방어하라는 명령을 내렸지요.

척화비(부산 가덕도)

한편으로는 서양 군대를 물리쳤다는 자신감을 가지기도 했어요. 흥선 대원군은 통상 수교 거부의 의지를 알리기 위해 전국 각지에 척화비를 세운답니다. 척화란, 화친하자는 논의를 배척한다는 뜻이에요. 척화비에는 아래와 같은 글이 쓰여 있었지요.

양이가 침범하는 데 싸우지 않는 것은 화친하는 일이며, 화친을 주장하는 것은 나라를 팔아먹는 것이다.

여기서 '양이'는 '서양 오랑캐'를 뜻합니다. 《조선왕조실록》에는 '사납고 교활한 서양 괴물'이라는 표현이 나오는데요. 병인양요와 신미양요를 겪으면서, 서양 세력이 가만히 있는 조선을 침범하는 나쁜 존재로 각인된 것입니다. 그뿐 아니라 서양인은 예의와 도덕도 모르는, 짐승만도 못한 존재라는 인식도 강해졌고요.

조선에서 서양을 싫어하게 된 배경이 또 있습니다. 신미양요가 일어나기 삼 년 전, 독일 상인 오페르트 일당이 흥선 대원군의 아버지인 남연군의 묘를 도굴하려다 실패한 사건이 있었거든요.

오페르트는 남연군의 시신을 이용해 조선과 통상을 시도할 작정이었어요. 그는 훗날 《금단의 나라 조선》이라는 책에서 자신들이 무덤을 파헤쳤다는 내용은 슬쩍 감추고서, 흥선 대원군 가문의 유품을 차지하여 통상을 요구할 계획이었다고만 기록했지요. 그런데 다른 선교사들이 주고받은 편지를 보면 "유럽 배가 왕의 조상 무덤을 모독한 후 조선에서 천주교 박해가 더 심해졌다."라는 내용과 함께 이 일을 비판하는 글이 나옵니다.

오페르트는 스스로 떳떳하지 못했기 때문에 그 일을 감추려 했던 거지요. 그러면서도 조선을 천주교 박해가 자행되는 야만적인 땅이라고 하면서, 흥선 대원군을 가혹한 지배자로 묘사해 자신들의 행동을 은근히 정당화하려는 모습을 보이기도 해요.

이처럼 조선과 서양의 관계는 갈수록 점점 더 악화되었습니

남연군 묘

다. 조선에서 서양은 '철저히 막아야 할 오랑캐'라는 인식이 강해졌지요. 그렇지만 몰아치는 파도처럼 거세게 다가오는 서양 세력을 언제까지 막아 낼 수 있을지 그 누구도 장담할 수 없었어요.

## 척화와 개화 사이, 갈림길 앞의 조선

여러분은 살면서 중요한 선택을 두고 깊이 고민한 경험이 있나요? 사실 어떤 선택을 해도 후회는 뒤따르기 마련이에요. 인생에 정답은 없으니까요.

19세기 후반 조선의 상황도 마찬가지였답니다. "서양과 교류를 해야 하는가, 말아야 하는가?" 당시 조선 사람들로서는 도저히 감을 잡을 수 없는 상황이었을 거예요. 수백 년 동안 지켜 온 세계관이 도전받는 경험이었을 테니까요.

박규수

그런데 이때 서양과 교류해야 한다고 주장한 사람이 있었습니다. 바로 박규수예요. 그는 조선 후기 실학자인 박지원의 손자인데요. 청에 사신으로 두 번 파견된 적이 있어요.

처음에 사신으로 갔을 때, 청 황제는 영

조선 사람들의 근대 생활 탐구

청의 근대식 무기 공장인 금릉 기기국

국과 프랑스 연합군의 공격을 피해 베이징을 떠난 상태였지요.
십여 년 후 두 번째로 청에 갔을 때는 상황이 또 달랐습니다. 청
이 전통을 지키면서 서양의 기술을 받아들이는 '양무운동'을 펼
칠 때였거든요.

청 정부는 학생들에게 외국어 교육을 시키는 것은 물론, 서양
식 무기 공장과 근대식 회사를 설립했습니다. 이 상황을 직접 목
격한 박규수는 어떤 생각을 했을까요? '아, 우리도 이제 변해야겠
다.'라고 생각하지 않았을까요?

그렇다고 박규수가 무조건 서양과 교류하자고 주장한 것은 아

닙니다. 서양 세력의 침략은 단호히 막아야 한다고 생각했으니까요. 평양에 와서 행패를 부렸던 미국 상선 제너럴셔먼호를 기억하나요? 그때 관군과 백성들을 지휘하며 제너럴셔먼호를 불태워 침몰시킨 평안도 관찰사가 바로 박규수예요.

박규수의 사례는 조선이 장차 나아가야 할 길을 보여 주고 있습니다. 서양의 침략은 강경하게 물리치되, 그들을 정확히 파악

여기서 잠깐

### ᐰ 시대를 앞서간, 할아버지 박지원과 손자 박규수 ᐳ

박규수의 할아버지인 박지원은 조선 후기의 실학자입니다. 실학은 현실 문제를 해결하기 위해 개혁을 추구하는 과정에서 등장한 새로운 학문 경향이에요. 실학자 가운데서도 북학파였던 박지원은 청과 적극 교류하여 문물을 받아들이고 상공업을 발달시켜야 한다고 주장했어요.

이러한 생각을 담아 집필한 책이 바로 《열하일기》랍니다. 박지원이 청 황제의 생일을 축하하는 사절단으로서 오 개월간 청의 연경(베이징)과 열하 등을 다녀온 경험을 담아 쓴 책이지요. 또, 박지원은 양반이면서도 《양반전》, 《허생전》 등의 파격적인 소설을 지어 조선 사회를 풍자했습니다.

이처럼 자유분방하고 시대를 앞서 나간 할아버지 박지원과 자주적인 개항을 주장했던 손자 박규수의 모습이 닮지 않았나요? 박지원 등 북학파 실학자들의 사상은 19세기 박규수를 비롯한 초기 개화 사상가들에게 큰 영향을 주었습니다.

하고 본받을 점은 배워서 우리도 부국강병을 이루어야 한다는 것이지요. 그리고 외부 세력의 압력에 떠밀려 어쩔 수 없이 개항을 하는 것보다는 우리가 주도권을 가지고 문호를 개방하는 것이 낫다고 보았어요.

사실 박규수의 주장은 흥선 대원군 집권 시절에는 통하기가 어려웠습니다. 그렇지만 이 무렵에 청과 일본은 이미 서양의 여러 나라에 문호를 개방하고 근대화 운동을 추진하고 있었지요. 조선의 개항 역시 자의든 타의든 피할 수 없는 시대의 흐름이었어요. 조선도 결국 나라의 문을 열고 서구 문물을 거센 파도처럼 맞이하게 됩니다.

제국주의 풍자화

# 조약, 더 넓은 세계로
## 나아가는 관문

두 명의 군인이 경쟁하듯, 칼로 음식을 썰고 있습니다. 어라?
자세히 보니 음식이 지구본이네요. 왼쪽 군인은 영국, 오른쪽 군
인은 프랑스를 상징해요. 식탁 위의 음식은 세계 각 지역을 가리
켜요. 다른 나라를 침략해 식민지로 삼는 탐욕스런 제국주의 열
강을 풍자한 그림이에요. 조선이 개항할 무렵, 이미 아프리카와
아시아의 여러 지역이 서구 열강의 식민지가 되었습니다. 마침내
낯선 세계의 문을 연 조선은 과연 첫발을 어떻게 내디뎠을까요?

## 조선은 어째다 일본에 개항했을까?

1876년 2월, 조선은 일본과 강화도 조약이라는 이름으로 더 잘 알려져 있는 조일 수호 조규를 체결합니다. 아래 사진을 보니 일본 대표 구로다 키요타카는 짧은 머리에 서양식 옷차림인 데 반해, 조선 대표 신헌은 전통 예법에 따라 관모를 쓰고 관복을 입은 모습이 대조적이네요.

그 당시 일본은 서구 문물을 적극적으로 받아들이기 위해 '메이지 유신'을 추진하고 있었어요. 그러니까 조선은 서양처럼 변화한 일본에 개항을 한 셈이에요.

그렇다면 일본은 왜 조선과 강화도 조약을 체결하려고 했을까요? 메이지 왕을 중심으로 수립된 메이지 정부는 개혁을 둘러싼 국내의 불만을 바깥으로 돌릴 구실을 찾고 있었답니다. 또, 몇 년간 단절되었던 조선과의 국교를 다시 열고 싶어 했고요.

이러한 분위기 속에서 일본은 1875년에 운요호 사건을 일으켜요. 일본 군함 운요호가 강화도 일대에서 사흘간 조선군과 교전을 벌인 사건이랍니다. 운요호가 강화도 가까이에 접근하자, 조선군이 경고의 의미로 발포를

구로다 키요타카(위)와 신헌(아래)

운요호 사건 당시, 영종도를 침략하는 일본군

했어요. 일본군도 기다렸다는 듯이 곧장 공격을 해 왔고요.

그 결과 조선군은 삼십오 명이 전사를 했고, 일본군은 두 명이 부상을 입었습니다. 운요호는 강화도의 초지진에 포격을 가했는데요. 돌아가는 길에 영종도에 상륙하여 방화와 약탈까지 일삼았지요.

일본은 조선의 영해를 무단으로 침입했음에도 불구하고, 조선군이 먼저 발포했다는 점을 문제 삼아서 오히려 조선 정부에 사과를 요구해요. 이와 함께 부산 등을 개항하고, 조선 연해를 자유롭게 항해하도록 보장하라는 요구까지 하지요.

사실 운요호 사건은 애초에 일본이 의도한 일이었습니다. 운요호의 함장인 이노우에는 조선을 무력으로 정벌하자는 '정한론'을 주장하는 인물로, 출항 전부터 이미 "조선군이 발포하면 다행이다."라며 은밀히 말하고 다녔다고 하거든요. 즉 조선을 도발하여 먼저 발포하도록 유도한 다음, 일본의 무력을 과시한 후 외교 문제로 확대할 속셈이었지요.

조선 사람들의 근대 생활 탐구

어쨌거나 운요호 사건은 조선에 큰 파장을 불러일으켰습니다. 박규수 등은 당시 국제 상황에 맞추어 조선도 자주적으로 개항해야 한다는 주장을 펼쳤고, 정부에서도 깊이 있는 논의가 이루어졌어요. 청도 조선과 일본의 화해를 권했지요. 이런 분위기 속에서

여기서 잠깐

## ᐸ 양무운동 vs. 메이지 유신 ᐳ

아편 전쟁에서 크게 패한 청은 서양 무기의 우수성을 뼈저리게 느끼고서 '양무운동'을 추진해요. 양무운동은 청의 체제를 그대로 유지하면서 서양의 기술만 배우려는 부분적인 개혁이에요. 이후 서양식 무기를 만드는 기술을 배우고, 나라 곳곳에 공장을 세우고, 근대식 교육 제도를 도입했어요.

반면에, 일본은 서양의 기술뿐 아니라 사상과 제도까지 모조리 배우는 '메이지 유신'을 추진해요. 일본의 에도 막부는 미국의 압력에 굴복하여 1854년 미일 화친 조약을 체결하고 문호를 개방했어요. 이후 젊은 무사들이 중심이 되어 에도 막부를 타도했고, 왕을 중심으로 한 새로운 정부가 들어서며 메이지 유신이 시작됩니다.

메이지 정부는 관리들을 유럽과 미국에 보내 서양 문물을 배워 오게 하지요. 또 강력한 중앙 집권 체제를 마련하고, 신분제를 폐지했으며, 근대적인 교육 제도와 첨단 장비를 들여왔어요.

이처럼 청과 일본은 각자의 방식대로 근대화를 위한 개혁을 추진했어요. 그 이후 1894년에 조선을 둘러싸고 경쟁을 하면서 전쟁을 벌이게 됩니다. 이 전쟁의 승자는 누구였을까요?

1876년, 강화도에서 조선과 일본 대표의 회담이 이루어집니다.

## 근대적이지만 불평등한 강화도 조약

강화도 회담은 강화부성 일대에서 진행되었어요. 일본 대표 구로다는 조선을 압박하기 위해 일행 사백여 명을 데리고 오고, 회담장 주변에 최신식 서양 무기까지 배치했습니다. 어떻게든 협상을 유리하게 끌고 가려는 속셈이었지요. 주요 관아가 일본인들의 숙소로 제공되었고, 강화부 전체가 일본인들로 넘쳐났어요. 구로다는 협상을 독촉하려고 일본에서 군대를 파견할 것이라는 거짓 위협까지 했습니다.

조선 역시 일본과 치열한 탐색전을 벌였고, 중요하다고 생각하는 부분은 끝까지 밀고 나가면서 조약 내용의 수정을 강력히 요구했습니다. 수정을 요구한 부분은 다음과 같아요.

1. 조약 체결권자를 '조선 국왕 전하'와 '일본 황제 폐하'에서 각각 '조선국'과 '일본국'으로 고칠 것
2. '대일본국'의 '대(大)'와 최혜국 대우 조항을 삭제할 것

최혜국 대우란, 가장 유리한 대우를 상대국에도 부여하는 걸

조선 사람들의 근대 생활 탐구

말해요. 조약을 맺은 두 나라 중 한 나라가 제3국에 유리한 대우를 한다면, 상대국도 그와 똑같은 대우를 받는 거지요. 한 달 넘게 이어진 수차례의 치열한 회의 끝에 조선의 요구가 반영된 최종 문안이 완성되었고, 전체 12관의 강화도 조약이 체결되었습니다.

제1관 조선국은 자주국이며, 일본국과 대등한 권리를 지닌다.

제4관 부산 외 2개 항구를 개항한다.

제7관 조선국 해안을 일본국 항해자가 자유롭게 측량하도록 허가한다.

제10관 일본국 국민이 조선국 항구에 머무는 동안 죄를 범한 것이 조선국
   국민에게 관계되는 사건일 때는 모두 일본국 관원이 심판한다.

1876년, 강화도 열무당에 회선포(개틀링 기관총)를 정렬한 일본군

강화도 조약이 체결되었던 연무당 옛터

제1관은 국가 간 일대일의 동등한 자격으로 체결하는 근대적 조약의 특징을 담고 있어요. 그러나 여기에는 청의 간섭을 배제하여 조선을 뜻대로 하려는 일본의 의도가 담겨 있지요. 제7관은 국가 기밀 사항인 해안 정보를 알려 주어, 일본이 조선을 군사적·경제적으로 침략하기 쉽게 만들었습니다. 제10관은 영사 재판권(치외 법권)에 관한 내용이에요. 이는 일본인이 조선에서 범죄를 저질러도 조선의 관리가 재판할 수 없게 만들어, 일본인이 합법적으로 보호받을 수 있도록 했어요. 이처럼 강화도 조약에는 조선보다 일본이 유리한 내용이 더 많았습니다.

강화도 조약을 계기로 부산과 원산, 인천이 차례로 개항되었어요. 개항장을 통해 서구의 문물도 조선에 흘러 들어오게 되지요. 양면적인 성격도 있지만, 강화도 조약은 조선이 외국과 처음으로 체결한 근대적 조약으로 조선이 더 넓은 세계에 첫발을 내딛는 계기를 마련해 주었습니다. 그러나 일본에 유리한 조약의 내용 때문에 침략의 발판이 되기도 했지요.

한편 개항을 통해 조선과 일본의 관계가 개선되었어요. 1876년 7월, 일본 사절단이 강화도 조약의 부속 조항을 조율하기 위해 한성에 도착했을 때 고종은 그들을 성대히 환영했고, 목욕 시설까지 새로 지어 주었어요. 이러한 환대에 화답하듯 일본 사절단도 개화 정책에 참고할 만한 서적 수십여 권과 사진 등의 자료를 조선에 선물했습니다. 임진왜란 때 일본군이 약탈해 간《의방유취》라는 의학 서적도 다시 만들어 전해 주었고요.

그렇지만 사절단과 함께 한성에 온 일본 장교 두 명은 조선의 지리와 군사 정보를 비밀리에 정탐했어요. 이처럼 일본은 조선을 가장 가까운 이웃인 동시에 가장 좋은 침략의 대상으로 여겼던 것이지요.


## 미국, 어제의 적이 오늘의 친구가 되다

조선이 최초로 근대적 수교를 맺은 국가는 일본이었어요. 그렇다면 서양 국가 중에 조선이 최초로 수교한 나라는 어디일까요? 놀랍게도 미국이에요. 미국하고 사이가 나쁘지 않았냐고요? 맞아요. 신미양요로 불편한 사이였지요. 두 나라는 신미양요를 겪은 지 십일 년 만에 조미 수호 통상 조약을 체결해요. 이는 국제 사회에서는 지금도 그렇지만 영원한 적도, 영원한 친구도 없다는 사실을 잘 보여 줍니다.

조선과 미국의 조약 체결에는 매우 복잡한 이해관계가 얽혀 있어요. 우선 미국은 자기 나라 상인들의 상권을 보호하면서, 동아시아에서 이익을 얻으려는 분명한 목적이 있었지요. 조선을 '황금이 넘치는 부유한 나라'로 파악하고서, 조선과의 수교가 미국에 경제적으로 많은 이익을 가져다줄 것이라고 보고한 기록이 남아 있거든요.

한편, 청은 조선에 눈독 들이며 남하 정책을 펴는 러시아를 견제하기 위해 짐짓 미국을 끌어들이려고 했습니다. 조선과 미국의 수교를 적극적으로 알선하여 국제 사회에서 조선에 대한 종주권을 인정받으려는 속셈도 있었고요. 그래서 청은 적극적으로 조선과 미국의 조약 체결을 주선했어요.

일본은 당시 강대국이었던 미국이 청과 손을 잡자, 마음에 안 드는 부분이 있어도 크게 간섭하지 못하고 그저 상황을 주시해야 했지요. 조선 정부는 근대 문물을 접하고 개화 정책을 추진하고 있었기 때문에 서양과의 수교가 필요하다는 것을 인식하고 있었고요.

이렇게 다양한 이해관계 속에서 1882년에 마침내 14개 조의 조미 수호 통상 조약이 체결되었어요. 조미 수호 통상 조약은 제물포(지금의 인천)에서 체결되었는데요. 이때도 조선 대표로 신헌

이 참석했습니다.

조선은 강화도 조약의
경험을 거울삼아 관세
조항을 추가해 수출입
물품에 세금을 부과했지
요. 또한 조선이나 미국
이 제3국으로부터 부당

영어·한국어·중국어로 작성된 조미 수호 통상 조약 체결 기념비

한 억압을 받을 경우, 서로 원만하게 중재해 주기로 약속하는 거
중 조정도 포함했어요.

그런데 이 약속이 과연 잘 지켜졌을까요? 그로부터 훗날의 일
이긴 하지만, 1904년부터 1905년까지 한반도와 만주 지역을 둘
러싸고 러시아와 일본이 전쟁을 벌이는데요. 이때 미국은 고종
이 도움을 요청하는 밀서를 여러 차례 보냈을 때 차갑게 외면했
을 뿐만 아니라, 일본에 전쟁 비용을 지원하기까지 합니다.

이처럼 조약은 강대국이 주도하는 국제 사회에서 그들의 이해
관계에 따라 멋대로 이용되는 측면이 있어요. 또 공정함을 가장
한 침략의 수단이 되기도 하고요. 조미 수호 통상 조약도 일본과
체결한 조약보다 조금 나아지긴 했지만 완전히 공정하다고는 볼
수는 없거든요. 국력의 차이가 큰 조선과 미국의 출발선 자체가
다르기 때문이에요. 두 나라는 영사 재판권을 서로 인정했지만,

당시 영국 신문에 실린 조영 수호 통상 조약 체결 삽화

당시 미국까지 가서 장사할 수 있는 조선인이 몇이나 있었을까요? 게다가 조선은 미국에 최혜국 대우를 인정했어요.

조미 수호 통상 조약 체결 후 조선은 영국, 프랑스, 독일 등 다른 서양 국가와도 국교를 맺었습니다. 그러나 이 조약들 중 어느 하나도 조선에 유리한 것은 없었지요.

## 개화의 물결에 올라탄 조선

조미 수호 통상 조약을 체결한 미국은 이듬해인 1883년에 외교 사절인 특명 전권 공사로 푸트를 파견합니다. 푸트는 고종의

조선 사람들의 근대 생활 탐구

허가를 받아 한성의 정동에 미국 공사관을 조성했어요. 그 후 정동에는 영국, 러시아 등 서양 국가의 공사관이 차례로 설치된답니다. 그리하여 정동은 한양에서 가장 핫한 외교와 문화의 중심지가 되었어요. 정동 구락부라는 사교 클럽까지 생겨났지요. 조선이 서양을 배척하며 척화비를 세웠던 시절도 있었는데, 궁궐 가까이에 외국 공사관이 들어서다니! 정말로 놀랍네요.

조선은 세계 여러 나라와의 조약을 통해 이제껏 겪어 보지 못한 국제 질서에 편입되었습니다. 중국 중심의 전통적인 외교에 익숙했던 조선이 서구의 국제법에 근거한 새로운 외교 질서로 첫발을 내딛게 된 거지요.

이후 조선은 개화 정책을 추진하면서 다양한 시행착오를 겪게 됩니다. 그러나 변화하는 세계를 이해하고 대응하고자 노력했던 수많은 사람의 도전과 노력을 과소평가할 수는 없습니다. 역사란 그런 실패의 경험을 통해 성찰하고 발전하여 나가는 과정이니까요.

밀려오는 외세에 대응하여 조선은 용기 내어 바깥 세상으로 나아가게 되었습니다. 이제 본격적으로 조선에 어떤 변화가 나타났는지 개항기로 여행을 떠나 볼까요?

유길준

홍영식　민영익　서광범

보빙사 일행의 모습

# 조선 바깥의
# 세계를 보고 온 사람들

　보빙사 일행이 미국 샌프란시스코 테이버 사진관에서 찍은 사진입니다. 이들은 조선의 제물포와 일본의 요코하마를 거친 뒤 태평양을 횡단해 미국에 도착했지요. 명성 황후의 조카이자 사절단 대표인 민영익, 훗날 우정 총판이 되는 홍영식, 조선인 최초로 양복을 입었다는 서광범이 앉아 있네요. 조선인 최초로 일본에 유학을 다녀온 유길준이 뒷줄 한가운데 서 있고요. 남들보다 한발 앞서 해외에 다녀온 이들은 과연 어떤 생각을 했을까요?

## 일본을 방문한 조선인이 겪은 문화 충격

1876년에 강화도 조약을 체결한 후, 조선은 일본에 '수신사'라는 외교 사절단을 보냈습니다. 마지막 통신사를 파견한 뒤, 수십년 만에 비로소 사신이 파견된 거예요. 그때는 학문과 문물을 전하는 통신사였지만, 지금은 일본에 들어온 서양 문물을 보러 가는 수신사였지요. 수신사 일행은 출발할 때부터 문화 충격의 연속이었어요. 태어나서 처음으로 증기선을 탔거든요.

이때 수신사의 대표는 김기수였는데요. 조선의 지배층이었던 그의 사고방식대로라면, 가장 지위가 높은 자신을 중심으로 배가 운행되어야 마땅했을 테지만, 근대의 원칙에 따라 움직이던 증기선에서는 그렇지가 않았지요.

출발 시각과 도착 시각이 분명하게 정해져 있는 데다, 식사하는 것, 씻는 일, 심지어 대소변을 보는 행위까지 배 안의 규칙에 따라 모두 똑같이 통제되었거든요. 이처럼 김기수도 증기선 안에서는 지위에 상관없이 여러 승객 중 한 명에 지나지 않았습니다.

요코하마에 도착한 김기수는 화륜차를 보면서 "보고 싶지 않았지만, 구경하는 것쯤은 괜찮다. 기이한 기술과 기교라도 편리하고 쓰임새가 좋다면 배울 수도 있는 것 아닌가. 나의 유람은 옳은 것이다."라고 말했습니다.

그는 근대 문물을 둘러보면서 점점 더 복잡한 심경에 휩싸이게 됩니다. 그때만 해도 조선에서는 여전히 일본과 서양을 배척하는 여론이 높았고, 김기수 역시 통상을 반대하는 성리학자로 살아왔습니다. 그러나 그가 목격한 일본은 성리학 대신 서양 학문을 익히며 근대화에 박차를 가하고 있었으니까요. 우리도 일본처럼 가야 하는가? 아니면 지금 가고 있는 길을 계속 걸어야 하는가? 김기수는 이런 고민을 하지 않았을까요?

개항 후 조선은 일본에 수신사를 총 네 차례 파견합니다. 이들은 모두 공식적인 사절단으로서 외교 활동을 펼치는데요. 그 가운데는 아무도 모르게 일본에 파견된 사절단도 있어요. 일본에

일본 요코하마에 도착한 수신사 일행

잠입한 것이 아니라 개화 정책을 반대하는 양반 유생들의 눈을 피하여 다녀온 것이지요. 일본의 상황이 무척 궁금했던 고종은 1881년에 열두 명의 관리를 암행어사로 임명하여 동래(지금의 부산 일대)로 향하게 합니다. 이 암행어사들의 진짜 임무는 일본에 건너가 변화된 모습과 국내외 사정을 시찰하는 것이었어요. 이들을 '조사 시찰단'이라고 하는데요. '조사'는 조정의 관리를 뜻하고, '시찰'은 두루 살핀다는 의미예요.

조사 시찰단은 수행원과 통역까지 합치면 무려 육십 명이 넘는 규모였습니다. 이들은 비공식 사절단이었지만 고종이 모든 활동 자금을 지원했고, 일본 정부에서도 시찰에 협조해 주었지요.

조사들은 각자 분야를 나누어 열심히 살펴보고 기록했어요. 문부성, 외무성, 사법성, 농상무성, 육군성, 관세국 등 일본의 주요 기관과 학교, 박물관, 철도국, 은행, 화약 제조소, 전신국, 공장 등 근대 시설을 견학했고 학자와 관리들도 만났습니다. 특히 일본과의 관세 규정을 개정하기 위해 세관의 운영 및 세법에 큰 관심을 기울였다고 해요.

조사들 모두 성리학을 공부했지만, 경우에 따라 각기 다른 생각을 했습니다. 성리학을 기반으로 생각하던 박정양은 시체 해부 과정을 보면서 이미 죽은 사람을 또다시 죽이는 행위라고 생각했어요. 반면에 이헌영은 일본에서 여성이 학교에 다니는 것과 어린아이들이 의무 교육을 받는 점을 높이 평가했지요.

조사 시찰단은 사 개월 만에 임무를 마치고 돌아왔습니다. 고종은 이들을 불러 일본에서 진행되고 있던 서양식 근대화에 대하여 질문했어요. 박정양은 "호랑이(범)를 타고 달리면 내리기 어렵습니다."라고 대답했어요. 호랑이를 타고 달리면 도중에 내리기 힘든 것처럼, 서양식 근대화도 한번 시작하면 멈출 수 없다는 뜻이에요. 조사 시찰단의 활동은 이후 개화 정책의 씨앗과 밑거름이 되었습니다.

## 청에 파견된 유학생, 그들의 임무는?

조사 시찰단이 돌아온 뒤, 이번에는 청에 영선사가 이끄는 기술자와 유학생들이 파견됩니다. 조선이 청에 사신을 보낸 적은 많지만, '영선사'라는 명칭을 사용한 것은 처음이었어요.

영선사 파견을 반대하는 의견도 있었지만, 고종의 강한 의지로 추진되었습니다. 고종은 김윤식을 영선사로 임명하고 유학생들을 데리고 가서 신식 무기 제조법과 군사 훈련법을 익히게 했지요. 김윤식이 인솔한 유학생은 서른여덟 명이었습니다. 십 대 중반부터 사십 대까지 연령이 다양했고, 소수의 양반과 중인, 천민으로 구성되었습니다.

영선사 일행은 출발한 지 거의 두 달 만에 베이징에 도착했어요. 김윤식은 청의 실세였던 이홍장과 협의 끝에 유학생들을 여러 분야로 나누어 화약과 탄약 제조법, 전기·화학, 지도 제작, 제련 기술, 외국어 등을 배우게 했지요.

이들은 톈진 기기국에서 각 분야를 배웠습니다. 당시 청은 중국의 전통을 지키면서 서양의 기술을 익히자는 양무운동을 한창 추진하고 있었습니다. 김윤식도 조선이 서구 열강에 맞서기 위해서는 군사와 기술의 자강을 이루어야 한다고 생각했어요. 그러기 위해 서양의 종교는 배척하더라도 서양의 기술은 받아들일 수 있다고 여겼지요.

김윤식의 바람과 달리, 유학생들의 학습은 순탄치 않았습니다. 병에 걸리거나 학습 내용을 따라가지 못하여 유학생의 절반 정도가 중도에 귀국했어요. 유학 비용도 만만치 않아 재정난에 시달리기도 했지요. 더구나 1882년에 임오군란이 벌어지는 바람에 모든 유학생이 철수하게 됩니다.

기기국 번사창(서울 삼청동). 근대식 무기를 제작·수선·보관하던 곳으로, 지금은 흙으로 만든 틀에 금속을 부어 무기를 만들던 번사창만 남아 있다.

결국 조선은 무기 제조 기술을 익혀 대규모 무기 공장을 설치하려던 계획을 변경합니다. 대신 청으로부터 소총 및 탄약 제조용 기계 등을 구입하고 국내에 소규모 기기창을 설치했어요. 유학에서 돌아온 사람들만으로는 기기창을 운영하기 어려워서 청의 병기 기술자 네 명을 고용하기도 해요. 비록 기대한 성과를 거두지는 못했지만, 청에 유학생들을 파견하고 기기창을 설치한 것은 근대화를 향한 조선의 도전을 보여 줍니다.

## 지구 반 바퀴를 돌아 미국으로!

일본과 청은 개항 이전에도 조선과 교류하던 나라들이었습니다. 그런데 1883년, 우리나라 역사상 최초로 서양 국가에 외교 사절단이 파견됩니다. 바로 미국에 건너간 보빙사 일행이에요.

'보빙'은 답례로 이웃 나라를 방문한다는 뜻입니다. 1882년에 조미 수호 통상 조약 체결을 계기로 미국이 먼저 조선에 공사를 파견했고, 고종은 이에 대한 답례로 이듬해 미국에 보빙사를 보내기로 해요. 한 번도 가 본 적이 없고, 언어도 통하지 않는 미국에 과연 누가 어떻게 갔을까요?

보빙사는 전권대신 민영익, 부대신 홍영식, 종사관 서광범과 수행원 유길준, 고영철, 변수, 무관 현홍택, 최경석, 그리고 중국인 통역관 우리탕과 미국인 외교 참찬관 및 고문 퍼시벌 로웰, 이렇게 열 명으로 구성되었습니다. 로웰은 영어가 가능한 일본인 통역관 미야오카를 추가로 고용했고요. 이때 사절단의 대표인 민영익은 스물세 살, 홍영식과 서광범, 유길준은 이십 대 중반이었어요. 김기수와 김윤식이 모두 사십 대 중반에 수신사와 영선사로 파견된 것과 비교하면 굉장히 파격적인 셈이지요?

보빙사 일행은 제물포에서 출발하여 일본 요코하마를 거쳐 샌프란시스코로 향했습니다. 미국 정부는 일본어와 중국어가 가능했던 해군 소위 클레이턴 포크를 보내 보빙사를 맞이했어요. 그

보빙사 일행의 모습

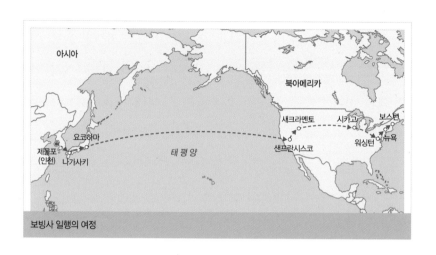

아시아

북아메리카

새크라멘토 시카고 보스턴
요코하마 샌프란시스코 워싱턴 뉴욕
제물포
(인천) 나가사키 태 평 양

보빙사 일행의 여정

렇지만 조선어를 할 수 있는 미국인이 없었고, 조선인 중에도 영어를 능숙하게 할 수 있는 사람이 없었지요.

그렇다면 보빙사와 미국인들은 어떻게 의사소통을 했을까요? 이들은 조선어를 일본어나 중국어로 옮기고, 이를 다시 영어로 전달하는 이중 삼중 통역으로 대화를 나누었습니다. 이러한 언어의 장벽에도 불구하고, 보빙사 일행은 미국에 사십여 일 동안 머물면서 외교 업무를 수행하고 견문을 넓혔어요.

대륙 횡단 열차를 타고 시카고와 워싱턴을 거쳐 뉴욕에 도착한 보빙사 일행은 9월 18일, 미국 대통령 아서를 만났지요. 이때 군주의 예를 갖추어 절을 하고 국서를 전달했다고 하는데, 대통령과 악수하는 모습의 삽화도 있습니다.

이후 보빙사 일행은 보스턴에서 만국 박람회를 관람했고, 뉴욕

조선 사람들의 근대 생활 탐구

에서 전보국과 소방서, 우체국, 조병창, 육군 사관 학교 등을 방문했어요. 워싱턴에서는 미국 대통령의 집무실이 있었던 백악관 등 여러 정부 기관을 둘러보았고요.

미국에서 공식 일정이 끝난 뒤, 보빙사 일행의 길은 셋으로 나뉘었습니다. 유길준은 그대로 남아 조선인 최초의 미국 유학생이 되었고, 홍영식 일행은 곧바로 귀국했어요. 민영익 일행은 미국 정부의 배려로 프랑스의 마르세유와 영국 런던, 이탈리아의 로마와 이집트를 여행했지요. 이 여행길에서 이집트의 피라미드도 보았고, 1869년에 개통한 수에즈 운하를 통과하여 스리랑카, 싱가포르, 홍콩, 일본의 나가사키를 거쳐 조선에 도착했습니다. 미국으로 떠난 지 무려 칠 개월 만에 세계 일주까지 하고 돌아온 셈이에요.

보빙사 일행이 귀국한 후, 조선

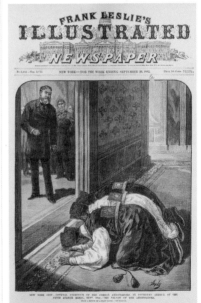

보빙사 일행과 아서 대통령이 악수하는 삽화와 보빙사 일행이 절하는 모습을 그린 삽화

우정총국의 현재 모습

에는 여러 가지 변화가 나
타났습니다. 우편 업무를
맡아보는 우정총국이 설
치되었고, 미국에서 가져
온 작물을 새로운 농기구
로 재배하는 농무 목축 시
험장도 마련되었거든요.

영어 등 서양 학문을 가르치는 근대식 학교인 육영 공원이 세
워지고 미국인 교사도 초빙되었습니다. 1887년에 경복궁 안의
건청궁에는 에디슨이 발명한 전구가 환하게 켜지기도 해요. 이
모든 것이 개항 후 불과 십여 년 사이에 일어난 일이랍니다.

## 조선 바깥을 경험하고 온 사람들의 서로 다른 선택

조선 바깥을 보고 온 사람들은 서양의 과학 기술에 주목했고,
더 나아가 제도와 사상에도 관심을 보였습니다. 그렇지만 서양
의 제도와 사상을 조선에 어느 정도까지 받아들일지는 서로 다르
게 생각했어요.

보빙사 일행의 운명은 서로 다른 귀국길만큼 엇갈렸습니다.
미국의 눈부신 발전 모습에 압도된 민영익은 오히려 보수적인 태

도로 돌아섰어요. 만약 조선이 계속 변한다면 미국처럼 왕도 귀족도 없는 나라가 될 수 있겠다는 두려움을 느꼈던 것이지요.

반면에 조선이 하루빨리 변화해야 한다고 생각한 홍영식과 서광범은 귀국 후 몇 달 만에 김옥균, 박영효 등과 함께 우정총국 낙성식 축하연에서 갑신정변을 일으켰습니다. 급진 개화파인 이들은 권력을 장악하여 원하는 개혁을 추진하고자 비상수단을 동원했어요. 당시 권력을 쥐고 있던 민씨 세력과 주요 고관을 살해하고 개화당 정부를 수립했지요. 이때 민씨 세력의 핵심 인물이었던 민영익은 정변 세력의 칼에 맞았다가 겨우 목숨을 건집니다.

급진 개화파는 인민 평등권을 포함한 개혁 정강을 발표하지만, 청군이 출동하면서 사흘 만에 권력을 잃었어요. 홍영식은 피살되었고, 김옥균, 박영효, 서광범 등은 일본으로 망명했지요. 갑신정변은 조선의 개화 방향과 속도에 차이가 난 사람들 사이에서 일어난 충돌이라 할 수 있습니다.

1887년 최초의 주미 공사로 파견된 박정양은 약 십 개월 동안 미국의 정치, 경제, 사회를 관찰한 내용을 담아 《미행일기》라는 기록을 남겼어요. 그는 미국이

주미 공사로 임명된 박정양이 미국의 한 사진관에서 찍은 사진

부강한 나라가 될 수 있었던 비결이 합리적인 교육과 정치 제도 등에 있다고 보았지요. 마침 미국에 도착한 이듬해 11월, 미국 대통

## ⌒ 개항 후 서로 다른 길을 선택한 사람들 ⌒

19세기 서양 제국주의 세력이 조선에 접근해 오자 조선 사람들의 대응은 다양했어요. 서양의 침략성에 주목하여 개화 자체를 반대하려는 사람들이 있었거든요. 이들은 조선의 바른 학문인 성리학을 지키고, 서양의 모든 학문과 제도를 배척해야 한다는 '위정척사'를 주장했지요.

반면에 서양과 교류해서 그들의 선진 문물을 받아들여야 한다는 사람들이 있었는데요. 이들은 박규수의 사랑방에서 조선 밖 세계와 학문을 공부하며 성장했어요. 그래서 개화파라고 불러요. 이들은 다시 일본의 메이지 유신을 본받아야 한다는 '급진 개화파'와 청의 양무운동을 본받자는 '온건 개화파'로 나뉜답니다.

김옥균을 중심으로 한 급진 개화파는 갑신정변을 일으켜 세상을 바꿔 보겠다고 했으나 결국엔 실패했어요. 딱 십 년 뒤 온건 개화파는 갑오개혁을 주도해 나가며 점진적인 개혁을 꿈꾸었지요.

그러나 시간은 조선의 편이 아니었습니다. 조선을 둘러싸고 청과 일본, 러시아가 경쟁했고, 여기서 일본이 최종 승리를 하며 조선에 을사늑약을 강요했지요. 나라의 주권이 무너지기 시작하자, 개화를 반대하던 이들은 함께 힘을 모아 나라를 지키고자 했고, 민씨 외척의 수탈로 지쳐 가던 백성들도 의병이라는 이름으로 힘을 보탰답니다.

령 선거를 직접 목격하기도 했고요. 가장 많은 표를 얻은 해리슨이 당선되는 모습도 지켜보았으며, 선거 결과를 놓고 내기를 하는 미국인들을 보면서 쓴웃음을 짓기도 했지요. 이렇듯 서양의 민주주의를 경험하면서 조선이 가야 할 방향을 생각해 보지 않았을까요? 박정양이 훗날 민권의 확대를 주장하는 독립 협회의 결성에 참여한 것도 이러한 경험의 영향을 받은 것으로 보입니다.

서양 문물의 우수한 점을 인정하면서도 조선만의 방식이 있어야 한다고 생각한 사람들도 있었어요. 조선인 최초의 프랑스 유학생 홍종우는 서양 문화를 적극적으로 받아들이되, 조선의 전통과 절충해야 한다고 여겼지요. 또한 프랑스 유학 시절 기메 박물관(지금의 프랑스 국립 기메 동양 박물관)에서 일하면서 《춘향전》, 《심청전》 등을 프랑스어로 번역하기도 했습니다.

홍종우는 프랑스 유학 시절에 서구 열강의 제국주의 속성을 이해하고 이를 경계한 것으로 보입니다. 그는 조선이 강한 군주권을 중심으로 근대화를 이루어야 한다고 생각했어요. 이러한 생각을 바탕으로 고종에게 절대적인 충성을 바쳤고, 갑신정변을 일으킨 급진 개화파를 역적으로 간주하여 1894년에 상하이에서 김옥균을 암살했습니다. 이처럼 한발 앞서 조선 바깥의 세계를 보고 온 사람들의 선택은 다양했고, 개항 후 조선의 상황은 더욱더 역동적으로 변화했어요.

2

"서구식 근대화의 물결 속에서

새로운 것을 받아들이되

그 안에서 균형을 잡으려는

조선의 줄기찬 노력을 보여 줍니다."

# 신문물이
# 일상생활을
# 바꾸다

안중식, 〈조일 통상 장정 체결 기념 연회도〉

와플을 굽는 틀(왼쪽)과 고종이 벙커 부부에게 하사한 커피잔(오른쪽)

# 조선이 열리고
## 식탁 위는 풍성해지다

　　따뜻하게 구워 낸 와플과 갓 내린 커피는 오늘날에도 사랑받는 음식입니다. 사진 속 와플 굽는 틀과 커피잔은 조선 말기에서 대한 제국 초기에 제작된 것이에요. 고종은 특히 커피를 무척 좋아해서 궁중 의식에도 사용할 정도였다고 해요. 궁중에서 커피를 내리고 와플을 굽는 모습, 상상이 되나요? 조선이 닫고 있던 문을 열고 바깥의 문물을 받아들이던 개항기에 우리의 먹거리는 어떻게 변화했을까요?

## 개항 전 조선인의 밥상은 어땠을까?

요즘은 식습관이 서구화되면서 끼니를 빵으로 해결하는 사람들이 늘어났지만, 여전히 우리의 주식은 밥입니다. 할머니 세대까지만 해도 '쌀밥에 고깃국을 배불리 먹는 것이 소원'이라고 할 정도로 쌀밥을 최고로 손꼽았지요.

그런데 누구나 쌀밥을 배불리 먹을 수 있게 된 건 지금으로부터 몇십 년 되지 않아요. 더구나 조선 시대에는 지주에게 소작료를 내고, 국가에 세금을 납부하고 나면 남는 쌀이 넉넉하지 않았어요. 가을에 수확한 쌀은 겨울이 지나면 다 먹고 없기 때문에 농민들은 보리가 익을 때까지 어떻게든 봄을 버텨야 했지요. 이렇게 보리가 익을 때까지 배고픔을 견뎌야 하는 시기를 '보릿고개'라고 해요.

이러한 배고픔 때문인지, 별다른 먹을 것이 없어서인지, 조선인들은 한 번에 많이 먹는 습관이 있었던 것 같아요. 보빙사를 수행하고 안내하는 임무를 맡았던 퍼시벌 로웰이 "조선인은 살기 위해 먹지 않고 먹기 위해 산다."라는 기록을 남길 정도였으니까요.

조선 사람의 밥상

고려 시대　1940년대　1950년대　1960~70년대　1980년대　1990년대　2005년　2010년　2012년

시기별 밥그릇 크기

　　오늘날 성인 남성을 기준으로 현대인은 한 끼에 대략 쌀 110그램을 먹는다고 합니다. 보통 햇반 하나를 만들 양이에요. 조선 시대 기록을 보면 한 끼에 성인 남성은 7홉, 성인 여성은 5홉을 먹는다고 했는데요. 7홉은 약 340그램이랍니다.

　　그러니까 조선인은 오늘날 성인 남성의 세 배 정도를 먹었던 셈이지요. 심지어 어린아이도 140그램이나 먹었다고 해요. 조선을 여행한 비숍의 기록을 보면, 이렇게 밥을 먹고도 서너 명이 복숭아와 참외를 20개에서 25개를 더 먹었다고 하니 아주 잘 먹었던 듯합니다.

　　그렇다면 조선 사람들은 하루에 몇 끼를 먹었을까요? 옛날에는 끼니를 아침밥과 저녁밥이라는 뜻으로 '조석'이라고 불렀습니다. 밥과 반찬을 차려 먹는 식사는 이렇게 두 끼였던 셈이에요. 물론 농번기나 특별한 행사가 있으면 세 끼 이상 식사를 하기도

조선 사람들의 근대 생활 탐구

했어요. 그렇지만 대부분 두 끼를 먹었고, 점심은 '마음에 점을 찍는다.'라는 의미로, 아주 간단하게 먹었지요. 하루에 세끼를 먹는 생활 습관이 자리 잡은 건 생각보다 오래되지 않았답니다.

우리 밥상에서 빼놓을 수 없는 반찬 중 하나가 김치예요. 해마다 겨울이 오기 전에 집집마다 김치를 담그는 일은 큰 행사였어요. 채소를 소금에 절여서 먹는 김치는 삼국 시대에도 있었지만, 고춧가루와 갖은 양념을 넣어 빨갛게 버무린 김치는 임진왜란 이후 고추가 전해진 뒤 등장했습니다.

밥과 김치 외에 또 어떤 음식이 밥상에 올랐을까요? 산과 들에서 자라는 나물, 밭에서 기른 채소로 무친 음식, 된장국을 비롯한 각종 국이 일반적이었어요. 단백질을 보충할 수 있는 식재료는 귀한 편이었습니다. 조선은 농업을 나라의 근간으로 여겼기 때문에 농사지을 때 꼭 필요한 소를 함부로 도살하지 못하게 했기 때문이지요.

그렇지만 다음 장의 그림을 보면, 양반인 듯한 사람들이 고기를 구워 먹고 있습니다. 얼마나 맛있는지 연신 젓가락질을 하네요. 소고기는 연회나 제사, 명절 때 빠지지 않는 고급 재료였어요. 나라의 단속을 피해 병든 소 또는 죽은 소라고 속이고 도축하는 경우도 종종 있었습니다.

소 외에 돼지, 닭, 개 등의 가축이 식용으로 이용되었습니다.

杯箸錯陳
集四隣
香蘑肉時上
顋珍
老饞
�2山何由
謝不致
屛门
對肖人

김홍도, 《단원 풍속도첩》 중 〈새참〉(위)과 성협, 《풍속화》 중 야외에서 고기를 구워 먹는 모습(아래)

요즘은 개고기를 먹는 사람들이 거의 없지만, 가난했던 시절에는 구하기 어려운 소고기 대신 보양식으로 많이 먹었다고 해요. 그 밖에 멧돼지와 노루, 사슴, 꿩을 사냥하여 먹기도 했습니다. 우리 속담에 '꿩 대신 닭'이라는 말이 있는데, 적당한 것이 없을 때 비슷한 것으로 대체하는 일을 가리킵니다. 이는 귀한 꿩고기 대신 닭고기를 요리에 이용한 데서 비롯된 말이지요.

## 조선인과 서양인의 서로 다른 입맛

아래 사진은 영화 〈고요한 아침의 나라에서〉의 한 장면입니다. 이 영화는 독일인 신부 노르베르트 베버가 1925년에 조선의 모습을 영상에 담아 만들었지요. 이 시기 조선은 이미 일본의 식민지가 된 상태였어요. 베버 신부는 조선의 아름다운 전통문화가 사라져 가는 것을 안타깝게 여기며 이 영화를 제작했어요.

사진 속에는 선교사들이 어느 마을에서 대접받는 모습이 담겨 있습니다. 뒤쪽으로 병풍

영화 〈고요한 아침의 나라에서〉의 한 장면

이 둘러져 있고, 선교사들이 각각 따로 밥상을 받아 식사를 하고 있네요. 개항을 전후하여 조선을 방문한 서양인들은 우리의 밥상에 어떤 인상을 받았을까요?

조선에 온 서양인들이 가장 많이 이야기한 음식은 김치입니다. 그들에겐 김치의 강렬한 맛과 냄새가 무척 인상적이었던 것 같아요. 미국인 선교사 무스는 "조선의 주막에는 저녁 식사가 준비되었다고 알리는 종이 필요 없는데 〔중략〕 항상 김치가 그 냄새로 저녁이 준비되었다고 알려 주기 때문"이라는 기록을 남겼어요. 또 다른 미국인 선교사이자 의사, 외교관으로 활동한 알렌은 김치에 대한 체험을 다음과 같이 기록했지요.

하루는 내 집에 있는 사무실에 들어갔더니 지금까지 맡아 보지 못한 냄새가 났다. 〔중략〕 그 냄새는 어떤 환자가 놓고 간 작은 단지에서 났는데, 그 안에는 푹 익어 고약한 냄새가 나는 김치가 들어 있었다. 나는 그 단지를 당장 내다 버리라고 하였다. 그 일 이후 일꾼들의 입에서도 김치 냄새가 났다. 그들은 김치 냄새를 좋아했을지 모르지만 나는 도저히 참을 수가 없었다. 그런데 어떤 사람이 나에게 마늘을 빼고 만든 김치를 권유하여 맛을 보았는데, 한 입 먹는 순간 매료되었다.

처음엔 김치 냄새도 못 맡던 알렌은 조선에 이십일 년 동안 머물면서 점점 김치의 매력에 빠졌고, 나중에는 손수 담가 먹기까지 했다고 해요. 미국인 선교사 엘라수 와그너도 김치의 진정한 맛을 알기까지 오랜 시간이 걸리지만, 한번 그 맛을 알게 되면 조선 사람들이 김치를 먹는 이유를 이해할 수 있다고 했어요.

반면에 조선인들에게 서양의 치즈 냄새는 매우 고역이었다고 합니다. 알렌은 조선 사람들이 치즈의 일종인 림버거의 냄새를 아주 질색한다는 기록을 남겼습니다. 조선에 온 서양인들은 우유나 치즈, 버터를 구하기 어려워서 힘들어했어요. 조선처럼 가난한 나라에서 좋은 소가 있는데도 왜 우유를 먹지 않는지 의아해하기도 했습니다.

물론 조선에도 우유와 유제품이 있긴 했어요. 아래 그림은 조

조영석, 〈채유〉

선 후기의 작품으로 우유 짜는 모습을 묘사한 것입니다. 조선 사람들은 우유를 짜면 송아지가 먹을 것이 없어지고, 어미 소의 건강에도 해롭다고 생각했습니다. 그래서 우유를 거의 마시지 않았지요. 우유를 넣고 쑤어 만든 '타락죽'이라는 음식이 있었지만, 임금님이나 부유한 양반만 맛볼 수 있는 귀한 음식이었어요. 또는 병자에게 기력을 회복하는 음식으로 처방되기도 했고요.

이처럼 조선과 서양은 서로 다른 입맛과 음식 문화를 지녔습니다. 그렇지만 개항 후 점차 교류가 늘어나면서 조선에서 서양인들이 참석한 연회가 열리기도 했지요. 과연 그 식탁은 어떠했을까요?

## 조선의 식탁에 서양 음식 문화를 담다

오른쪽 그림은 조일 통상 장정 체결을 기념하여 개최된 연회를 그린 것입니다. 조선 정부는 서양식 연회를 개최하며 조선의 위상을 보여 주고자 노력했습니다. 식탁의 양 끝에는 조선의 관리가 앉고, 그 옆으로 독일인 고문 묄렌도르프와 일본 공사 다케조에 등이 자리 잡았지요.

원래 조선의 연회에는 서열에 따라 자리가 배치되고 개인별로 상을 받았는데, 이 그림에서는 식탁에 다 함께 둘러앉아 있습니다.

안중식, 〈조일 통상 장정 체결 기념 연회도〉(인물 추정)

그림을 찬찬히 살펴볼까요? 참석자들 앞에 나이프와 포크가 각각 하나씩, 그리고 스푼이 세 개씩 놓여 있어요. 줄이 매달린 사기로 된 양념 단지 안에는 소금이나 후추가 담겨 있을 듯해요. 그 옆에는 각설탕이 수북하게 담긴 그릇이 놓여 있네요.

연회에는 서양 음식과 조선 음식이 함께 나왔습니다. 커틀릿처럼 보이는 음식이 눈에 띄어요. 커틀릿은 송아지 고기나 닭고기, 돼지고기에 소금 양념을 한 뒤 빵가루를 묻혀 기름에 튀긴 것이에요. 요즘 우리가 즐겨 먹는 '돈가스'의 원형이지요.

식탁의 가운데를 살펴보면 꽃이 가득한 화병과 촛대, 고임 음식 다섯 접시가 놓여 있습니다. 원래 조선에서는 연회 때 생화 대신 종이로 꽃 장식을 했고, 촛불은 어둠을 밝히거나 제사나 종교 행사 때만 사용했어요. 생화와 촛대는 서양식 식탁 예절을 따른 것으로 보여요.

반면에 고임 음식은 조선의 전통을 따른 것으로 여겨집니다. 고임 음식은 작은 과일이나 과일을 재료로 만든 정과와 다양한 종류의 떡을 층층이 고여 올리는 축하 음식이에요. 이처럼 조일 통상 장정 체결 후 개최된 연회에는 서양식 예절과 조선식 예절이 함께하는 모습을 볼 수 있어요.

1887년에 외부독판 조병식이 개최한 서양식 만찬 삽화

조선 사람들의 근대 생활 탐구

왼쪽 그림은 좀 더 나중에 그려진 서양식 만찬 모습인데요. 외부독판 조병식이 각국의 외교관들에게 연회를 베풀고 있지요. 가운데에 커다란 화병이 놓여 있고, 나이프와 포크, 젓가락, 접시, 와인잔이 놓여 있습니다. 이날 메뉴는 유럽식이었지만, 조선의 음식도 올랐다고 해요.

조선 말부터 대한 제국 시기에 개최된 서양식 연회에는 수프와 스테이크, 푸아그라 등을 비롯하여 초콜릿, 아이스크림 같은 디저트, 샴페인, 와인, 커피 등의 술과 음료가 제공되었어요.

그렇지만 신선로나 전복초, 편육, 골동면 등 조선의 전통 음식으로 차려진 연회도 있었어요. 이는 개항 후 밀려오는 서구식 근대화의 물결 속에서 새로운 것을 받아들이되, 그 가운데서도 균형을 잡으려는 조선의 노력을 보여 줍니다.

## 호텔과 요리옥, 사교와 정치의 무대가 되다

조선과 서양의 교류가 늘어나면서 인천과 서울을 중심으로 외국인들의 숙식을 해결할 수 있는 호텔이 개업했어요. 그중 오늘날 서울 중구 정동에 들어선 손탁 호텔이 가장 대표적이에요.

독일 여성인 손탁은 조선에 온 러시아 공사 베베르의 추천으로 고종과 명성 황후를 만났습니다. 독일어, 프랑스어, 러시아어 등 여러 외국어와 서양 의례에 능통한 손탁은 곧 조선 왕실에 꼭 필요한 인물이 되었지요.

명성 황후가 시해된 을미사변이 일어난 후, 고종이 러시아 공사관으로 피신(아관 파천)할 때도 손탁은 중요한 역할을 했습니다. 고종은 극도의 슬픔과 공포, 독살에 대한 두려움으로 식사를 제대로 할 수 없었다고 해요.

여기서 잠깐

### ✎ 을미사변은 어떤 사건일까? ✎

을미사변은 1895년에 명성황후가 경복궁에서 일본에 의해 시해된 사건이에요. 이 사건은 대체 왜 일어난 것일까요? 청일 전쟁에서 승리한 일본은 청과 시모노세키 조약을 맺었어. 그 결과, 청으로부터 막대한 배상금을 받았고 랴오둥반도까지 차지했어요. 이를 못마땅하게 여긴 러시아는 프랑스와 독일을 끌어들인 뒤 일본을 압박해 랴오둥반도를 청에 반환하게 했지요.

이러한 상황에서 고종과 명성황후는 일본을 견제하기 위하여 러시아를 끌어들여요. 이 때문에 조선에서 영향력이 약해진 일본은 친러 정책의 중심인 명성황후를 시해할 계획을 세운답니다.

1895년 10월 8일 새벽, 일본 공사 미우라의 지시를 받은 일본 낭인들이 경복궁에 침입하여 명성황후를 무참히 살해하고 시신마저 불태웠어요. 이 일과 관련된 일본인들은 일본으로 가서 재판을 받았지만, 어처구니없게도 증거 불충분으로 모두 풀려났습니다.

이때 러시아나 미국 공
사관에서 자물쇠로 잠가
제공하는 음식이나 손탁이
올린 음식만 먹었다고 합
니다. 러시아 공사관에 머
무는 동안, 고종은 손탁이
올린 커피를 마시며 마음
의 평온을 얻었고, 나중에
환궁한 후에도 커피를 즐
겼어요.

손탁 호텔 전경과 1층 내부 모습

손탁은 이러한 공로를
인정받아 고종으로부터
정동에 방 다섯 개짜리 양옥 건물을 하사받습니다. 이 건물을 호
텔로 사용하다가 정부의 지원금을 받아 다시 방이 스물다섯 개
있는 2층짜리 호텔을 지었지요.

2층은 귀빈용 객실, 1층은 일반 객실과 레스토랑이 있었습니
다. 레스토랑에서는 서양 음식을 제공했어요. 이처럼 외국인들
의 취향에 맞는 손탁 호텔은 정부의 행사장으로도 이용되었고,
외교와 사교를 위한 주요 장소로도 쓰였습니다.

개항 이후 조선에는 일본인, 중국인이 많이 들어왔고, 이들의

요리옥 명월관의 연회장 공연 모습

거주지를 중심으로 새로운 음식점이 문을 열었어요. 그중 일본 인들의 거주지에는 요리옥이 들어섰어요. 일본 요리옥은 일반 음식점이라기보다는 화려한 고급 음식과 술에 게이샤의 춤과 노 래를 즐기는 유흥 오락 시설이자 사교의 장이었다고 해요.

한편 조선인이 운영하는 한성 황토현의 명월관 같은 곳도 있었 습니다. 신분에 관계없이 누구나 이용할 수 있었던 이 요리옥은 혼례 피로연이나 각종 연회를 위해서, 혹은 내외국인이 교제하거 나 사업상 의논을 하기 위한 장소로 만들어졌어요.

명월관의 요리사는 궁중 음식을 만들던 남자 조리사인 대령숙 수 출신이었어요. 이들 덕분에 요리옥은 외국인에게 조선 요리 를 알리는 역할도 했답니다.

조선 사람들의 근대 생활 탐구

그렇다고 조선 요리옥에서 조선 요리만 한 것은 아니에요. 외국 요리를 비롯하여 새롭게 개량한 음식이나 서양의 술, 과일, 차 등 다양한 메뉴를 선보였거든요. 인원에 맞춰 준비한 음식을 배달하기도 했고요.

요리옥은 단순히 먹고 즐기는 장소뿐 아니라 고위 정치인이나 관리, 상인들이 은밀하게 모임을 갖고 정치적 활동을 하는 장소로도 이용되었습니다.

유력 인사들이 이곳에서 주고받은 이야기들이 어쩌면 나비 효과처럼 조선의 운명에 커다란 영향을 미쳤을 수도 있겠네요.

## 개항장에 등장한 노동자의 음식

개항 후 호텔과 요리옥에서 제공한 고급 음식 말고도 상대적으로 값싸고 간단한 음식도 등장했어요. 바로 짜장면과 호떡이랍니다. 1882년에 조청 상민 수륙 무역 장정이 체결된 후, 이듬해 인천에 청의 조계지가 설치되었어요.

조계지란 외국인이 자유로이 거주하면서 영사 재판권을 누릴 수 있도록 설정한 구역을 말해요. 이곳에 산둥 지역에서 온 중국인들이 많이 거주했어요. 중국인 노동자들은 고향에서 먹던 첨면장을 넣은 국수로 한 끼 식사를 간단히 해결했는데, 이 음식에서 짜장면이 유래되었다고 합니다.

그렇지만 개항기에는 밀가루가 귀했기 때문에 짜장면이 지금처럼 대중적인 음식은 아니었어요. 그래서 상대적으로 저렴한 호떡이 더 인기가 많았다고 해요. 호떡의 '호(胡)'는 '오랑캐'라는 뜻으로 북방 민족을 가리킵니다. 이 글자는 중국 또는 더 멀리 북방이나 중앙아시아에서 들어온 물건의 이름 앞에 붙었어요. 호두, 호주머니, 호떡 같은 단어가 그 예입니다. 호떡 역시 개항기에 중국인들이 만들어 팔던 음식이에요.

한편 인천에 우리 역사상 최초의 철도인 경인선 공사가 시작되면서 더 많은 노동자가 모여들었어요. 이때 공사장 주변에 음식점들도 즐비하게 늘어섰는데, 가격이 싸면서도 배부르게 먹을 수 있는 감자탕이 인기를 얻었지요. 돼지 등뼈를 끓여 만들어 국물이 진하고 등뼈에 붙은 살코기가 들어간 감자탕은 외국에서 유래된 음식은 아니고, 개항기에 유행하여 전국에 퍼진 것으로 보입니다.

인천 선린동 공화춘. 개항 후 인천항을 통해 들어온 중국인이 지은 중국 요릿집으로, 지금은 박물관으로 이용되고 있다.

이처럼 우리가 일상생활에서 먹는 음식에도 역

조선 사람들의 근대 생활 탐구

사가 담겨 있어요. 맛있는 음식에는 국경이 없듯이, 개항기에 조선 사람들이 상대적으로 거부감 없이 받아들인 외국의 문화는 음식 문화가 아닐까 합니다. 스스로 입맛에 맞게 조리법을 바꾸기도 하고, 새로운 음식을 개발하면서 조선은 식탁이 더욱 풍성해졌습니다.

대한 제국 시기의 동대문 풍경

# 양반은 옛말,
# 이제 부자가 대세

짐 보따리를 머리에 이고 걷는 여성의 오른쪽에 인력거가 있지요? 손님을 태우고 달리는 인력거꾼은 개항기에 등장한 직업이에요. 그 건너편에는 전차가 지나고 있습니다. 초가지붕 위로 석탄을 태워 전기를 생산하던 동대문 발전소의 굴뚝도 보이네요. 이처럼 개항 후에 새로운 직업이 속속 나타났어요. 외국에서 들어온 물품들이 일상생활에 변화를 가져오기도 했고요. 과연 어떤 물품들이 사람들의 관심을 가장 많이 끌었을까요?

## 바다 건너 들어온 양품, 없어서 못 파네

　아래 첫 번째 사진은 바다를 지키는 수군 본부인 경상 좌수영의 모습입니다. 좌우로 늘어선 관리들 가운데에 앉아 있는 사람은 최고 책임자인 경상 좌도 수군절도사로 보이는데요. 자세히 보면 선글라스를 끼고 있네요.

　아래 두 번째 사진은 어가 행렬을 바라보는 고종의 모습입니다. 익선관을 쓰고 곤룡포를 입은 고종도 선글라스를 끼고 있어요. 한복에 선글라스라니, 뭔가 어색한 것 같지만 의외로 '힙'해 보이기도 합니다. 그 시절에 이런 외국 물건들은 어떻게 구했을까요?

　개항 후 부산과 원산, 인천 등 개항장을 중심으로 양품이 들어오기 시작했어요. 양품은 서양에서 들어온 물건 또는 서양식으로 만든 물건을 말해요. 우리가 일상생활에서 흔히 보는 양말, 양복, 양초 등이 바로 그 예입니다. 이러한 양품을 판매하는 상점을 양행이라고 했어요. 영국의 이화 양행, 독일의 세창 양행, 미국의

경상 좌수영의 관리들과 어가 행렬 속 고종

타운센드 상회가 대표적이지요.

그중 세창 양행은 독일 마이어 상사가 1884년 인천 제물포에 설립한 지점입니다. 세창 양행에서는 어떤 물건을 팔았을까요?

〈독일 상사 세창 양행 고백〉

이번 독일 상사 세창 양행이 조선에서 개업하여 자명종 시계, 들여다보는 풍경, 뮤직 박스, 호박, 유리, 각종 램프, 서양 단추, 각색 서양 직물을 비롯해 염색한 옷과 선명한 안료, 서양 바늘, 서양 실, 성냥 등 여러 가지 물건을 외국에서 수입하여 물품의 구색을 맞추어 공정한 가격으로 팔고 있으니, 모든 손님과 상인은 찾아와 주시기 바랍니다. 〔중략〕 아이나 노인이 온다 해도 속이지 않을 것입니다. _〈한성주보〉(1886. 2. 22.)

오늘날의 광고를 이때는 '고백'이라고 표현했네요. 무엇보다 아이나 노인이 와도 속이지 않겠다고 약속한 문구가 눈에 띕니다.

세창 양행의 물건들은 일상생활에 유용하여 인기가 매우 높았는데요. 서양 바늘은 크기가 고르며 튼튼했고, 성냥은 휴대가 간편하며, 쉽게 불을 켤 수 있었지요. 위의 광고에는 언급되지 않았지만, 말라리아 치료제인 '금계랍'은 만병통치약으로 여겨져 꾸준히 잘 팔렸습니다.

그러나 외국 물건에 너무 의존하고 돈을 마구 쓰는 것은 아닌지

우려하는 목소리도 있었습니다. 외국 상인들의 활동 반경이 넓어질수록 조선 상인들의 상권은 위축되었거든요. 또한, 양행들은 조선에서 자국의 이권을 챙기는 데 앞장서기도 했어요.

세창 양행의 바늘집(위)과 세창 양행 상표(아래)

독일은 세창 양행을 앞세워 1898년에 우리 정부로부터 강원도 금성의 당현 금광 채굴권을 얻어냈습니다. 이때 대한 제국 외부대신 서리 유기환이 독일 영사 크리엔에게 구타당하는 사건이 발생합니다. 전임 외부대신 이완용이 독일에 당현 금광 채굴권을 주기로 약속했는데, 새로 부임한 유기환이 독일의 요구를 들어주지 않는다는 이유에서였어요. 결국 독일은 원하는 바를 이루었지요.

이 사건은 외국 상인의 두 얼굴을 보여 줍니다. 외국 상인은 신기하고 좋은 물건을 팔지만, 우리 경제를 위협할 수도 있는 존재였던 것입니다. 이를 깨닫고 1880년대에 이미 외국 상인의 침투에 맞서 우리도 회사를 세워야 한다는 주장이 나왔습니다.

김옥균은 회사란 무엇인지를 설명한 뒤, 어떻게 조직하고 운영해야 하는지 서양의 회사 제도에 대하여 소개하는 글을 신문에 발표했어요. 몇몇 상인들은 뜻을 모아 상회사를 세우기도 했고요. 이처럼 우리 내부에서도 스스로 경제적인 변화를 모색하는 움직임이 싹트고 있었답니다.

## 새 돈을 찍어 내고 은행을 만들다

물건을 사려면 돈을 내야 합니다. 지금은 신용 카드나 페이로 간편하게 결제할 수 있지만, 조선 후기에는 상평통보라는 동전이나 옷감인 면포를 사용했어요.

구리로 만든 상평통보 한 개는 1푼(문)이라는 단위로 세었으며, 쌀값을 기준으로 계산해 보면 약 500원에서 1,000원 정도의 가치를 지니고 있었지요. 상평통보 10푼이 1전, 상평통보 10전이 1냥이에요. 따라서 상평통보 1냥이면 5만 원에서 10만 원 정도인 셈이고요. 만약 사극에서 등장인물이 "한 냥만 내시오."라고 말한다면, 상당히 비싼

상평통보. 동그란 모양에 네모난 구멍이 뚫려 있다. 1푼짜리 백 개를 묶은 꾸러미는 1냥이다.

조선 사람들의 근대 생활 탐구

값을 부르고 있는 것입니다.

상평통보는 조선 말까지 꾸준히 사용되었어요. 외국과 무역할 경우에는 금이나 은으로 된 화폐를 사용했어요. 개항 이후에는 예전부터 사용되던 중국 마제은과 함께 일본 은화, 멕시코 은화, 러시아 은화 등 외국 화폐가 개항장을 중심으로 유통되었지요. 조선은 여러 나라와 무역을 하면서 근대적인 화폐의 필요성을 느꼈습니다.

조선 정부는 1883년에 전환국을 설립해요. 전환국에서 본격적으로 화폐를 주조하기 시작한 것은 1894년 신식 화폐 발행 장정이 발표된 이후예요. 기존의 화폐 단위를 받아들여 100푼=10전 =1냥으로 했습니다. 이듬해 5냥과 1냥 은

차례대로 백동화, 적동화, 황동화

화, 2전 5푼 백동화, 5푼 적동화, 1푼 황동화를 발행해 근대식 화폐 사용을 늘리려고 했지요. 이때 화폐를 찍어 내던 기계도 세창양행에서 구매했고요.

예전에는 곡물이나 옷감으로도 세금을 낼 수 있었어요. 그런데 1894년 갑오개혁 이후부터는 은본위제 화폐 제도(은을 기준으로 화폐 가치를 정하는 것)가 시행되면서 세금을 화폐로만 납부하

도록 바뀌었지요. 이제 누구나 화폐가 필요하게 된 거예요. 자연스레 돈을 관리할 은행도 등장했고요.

조선은행(1896), 한성은행(1897), 대한 천일 은행(1899) 등은 전·현직 관리나 유력한 상인들이 돈을 모아 설립한 은행입니다. 고종도 은행 설립에 깊은 관심을 보이며 대한 천일 은행에 자금을 지원하기도 했어요.

우리 스스로 은행을 만든 이유 중 하나는 외국계 은행의 침투에 대응하기 위해서였어요. 개항 후 조선에 들어온 일본 제일 은

여기서 잠깐

## ❧ 돈이 중요한 세상의 시작, 갑오개혁 ❧

1894년에는 우리 역사에서 매우 중요한 사건이 연달아 일어났어요. 그중 하나가 바로 갑오개혁이에요. 1894년 7월부터 시작된 갑오개혁은 초반에 군국기무처가 주도하면서 이백 개가 넘는 개혁안을 실행했지요. 그중에는 노비제를 폐지하고 신분 차별을 없앤다는 내용도 포함되었습니다. 이른바 평등한 세상으로 가는 길이 열린 것이지요.

경제적으로도 큰 변화가 있었어요. 곡식이나 옷감으로 내던 세금을 화폐로 납부하게 된 거예요. 농민들은 농산물을 시장에서 내다팔아 돈으로 바꾼 다음에 세금을 내야 했지요. 그러면서 화폐 사용이 점점 더 늘어나고, 물건의 가치를 화폐로 매기는 것은 일상적인 일이 됩니다.

대한 천일 은행. '하늘 아래 첫째가는 은행'이라는 뜻으로 1899년에 설립되었다.

행은 부산, 원산, 인천 등에 지점을 내고 영업 범위를 넓히며 조선의 금융을 장악해 나갔습니다.

일본은 대한 제국에 제1차 한일 협약을 강요하고 메가타를 재정 고문으로 파견했어요. 메가타는 화폐 정리 사업을 실시하여 기존의 상평통보와 백동화를 일본 제일 은행권으로 바꾸게 했지요. 화폐를 주조하던 전환국은 폐지되었고, 일본 제일 은행이 그 자리를 차지했습니다.

백동화를 일본 제일 은행권으로 바꾸는 일은 생각보다 쉽지 않았어요. 백동화는 품질 상태에 따라 가치의 일부만 인정받거나 교환 자체가 거부되었거든요. 교환에도 시일이 오래 걸리는 바람에 화폐가 시중에 제대로 유통되지 않기도 했지요. 결국 수많은 상인이 파산했고, 농민들도 막대한 타격을 받았습니다. 대한제국의 금융과 재정을 일본이 장악하면서 일본인들의 경제 침투도 더욱더 늘어났어요.

## 조선과 러시아의 무역 개척자 최봉준

개항 후 외국 물건과 상인들이 밀물처럼 조선에 몰려오던 때에 거꾸로 국외에 나가 큰 부자가 된 사람도 있었습니다. 대표적인 인물로 최봉준(1862~1917)을 꼽을 수 있어요. 그는 어떻게 가난을 딛고 막대한 부를 쌓을 수 있었을까요?

최봉준은 두만강과 가까운 함경북도 경흥에서 태어났어요. 두만강 건너편에는 러시아가 차지한 연해주가 있었지요. 동쪽으로 영토를 확장하던 러시아는 1860년에 청과 베이징

연해주의 위치

조선 사람들의 근대 생활 탐구

조약을 맺어 연해주를 차지했어요. 그동안 조선과 가까운 외국은 청과 일본뿐이었다가, 이제 이웃 국가가 하나 더 생긴 것이에요.

함경도 주민들은 두만강을 건너 연해주에서 농사를 짓거나 생계를 위해 그곳에 아예 정착하기도 했습니다. 최봉준도 여덟 살에 가족을 따라 연해주로 떠났어요. 그렇지만 아버지가 일찍 돌아가시는 바람에, 십 대의 어린 나이에 일거리를 찾고 농사를 지으며 어렵게 생활했지요.

그 무렵 러시아는 조선과 정식으로 국교를 맺은 상태가 아니었지만, 조선 사람들이 연해주에 들어오는 것을 막지 않았습니다. 오히려 연해주를 개척하기 위해 인구가 늘어나야 한다고 여겼어요.

1884년에 조러 수호 통상 조약이 체결되어 정식으로 국교를 맺자, 러시아는 그 전에 이주해 온 조선인에게 러시아 국적을 주고 토지를 나누어 주었지요. 토지세를 이십 년간 면제한다는 파격적인 조건도 제시했고요.

반면에 그 후에 러시아에 들어오는 조선인에게는 해마다 비자를 발급받아 거주하도록 했습니다. 최봉준은 생존을 위해 러시아로 귀화했어요.

이윽고 청년이 된 최봉준은 본격적으로 장사에 뛰어들었습니다. 그 당시 연해주에는 국경 수비를 위해 러시아 군인들이 많이 주둔하고 있었어요. 하루의 고된 근무를 마치고 스테이크와 보

러시아 블라디보스토크에 있는 신한촌 기념비. 연해주에 조선 사람들이 이주해 가면서 신한촌이 생겼다.

드카를 먹고 싶었던 군인들에게 소고기가 필요했지요. 그렇지만 인구도 적고 교통수단이 발달하지도 않은 연해주에서 원하는 물건을 구하기는 힘들었어요.

최봉준은 바로 이 점에 착안하여 러시아 군대에 소를 팔았습니다. 그는 우선 1,400톤짜리 일본 기선을 빌린 후 원산과 성진 등 개항장을 돌아다니며 백 마리가 넘는 소를 구했지요. 그리하여 소의 고기는 식용으로, 가죽은 군복이나 군화를 만드는 데 쓰였어요.

1904년에 러일 전쟁이 발발하고 소에 대한 수요가 더 높아지면서 그의 사업도 더욱 번창했습니다. 최봉준은 1908년에 그동안 빌려서 사용했던 일본 기선을 구매하여 '준창호'라는 이름을 붙인 뒤, 준창호를 대한 제국의 선박으로 등록하고 태극기를 달았지요. 이를 계기로 대한 제국의 애국 계몽 운동가들은 크게 고무되었답니다.

저 준창선은 우리 동포의 비루한 모양을 한번 웃고 저 조그마한 일본

조선 사람들의 근대 생활 탐구

국의 업적을 쾌하게 떼어 버리고 당당히 우리 대한 제국에 자유로 입적하며 〔중략〕 태극 국기를 빛나게 달았으니 〔중략〕 저 준창선을 거울삼아 마음 합하기를 저 배가 기관 하나를 틀면 원래에 기계가 다 움직이는 것과 같이하고, 열심히 하기를 저 배가 석탄을 쉬지 않고 피우는 것과 같이하여 〔중략〕 우리도 뽐내고 휩쓸지어다.

_ '국민이 윤선만 같지 못한가', 〈해조신문〉(1908. 3. 28.)

글쓴이는 준창호에 일장기 대신 태극기가 나부끼게 된 것을 보고 느낀 자부심을 생생하게 드러내고 있습니다. 일본에 침탈되고 있던 국권을 회복할 수 있다는 희망을 느꼈던 것 같아요. 당시 준창호처럼 큰 배는 주로 국가에서만 소유하고 있었는데, 최봉준 같은 자본가가 등장한 것은 일본 자본가와 경쟁할 수 있는 좋은 일이라고 여겨졌지요.

만약 최봉준이 준창호를 러시아에 등록하고 자신의 이익만을 위해 돈을 사용했다면 이렇게까지 주목받지 않았을 것입니다. 애국 계몽 운동에 관심이 있던 그는 1908년 연해주에서 〈해조신문〉을 발간했습니다. 이 신문은 해외에서 한글로 펴낸 최

준창호

초의 일간지예요.

 이 밖에도 최봉준은 연해주에 거주하는 동포들의 교육을 위해 계동 학교 설립에도 참여했고, 안중근 의사 의거 후 그 가족들을 위해 의연금을 내기도 했어요. 그는 시대의 변화 속에서 기회를 잡아 큰 부를 이루고, 그 돈을 가치 있게 쓸 줄 아는 사람이었습니다.

여기서 잠깐

## ∽ 자본주의 변화의 상징, 전차 ∽

 인력거로 사람을 나르고 소나 말 등을 통해 짐을 나르던 시기에, 전기로 가는 전차의 등장은 대중에게 큰 충격이었습니다. 아직 '남녀가 일곱 살이 되면 함께 앉지 않는다.'는 말이 유효한 시대였지만, 전차 칸에는 남녀의 좌석 구분이 없었지요.

 양반은 좋은 자리에, 평민은 낮은 자리에 앉는 신분의 구별이 남아 있는 시기였는데도 일등석에 평민이, 이등석에 양반이 타는 상황이 간혹 벌어졌어요. 이렇듯 근대 사회는 좋은 서비스를 받으려면 신분이 아니라 돈이 필요한 사회였던 거예요.

 사람들은 전차를 타기 위해 시간을 확인해야 했습니다. 이 때문에 시계는 근대 사회의 필수품이 되었지요. 기차역 앞에 시계탑이 서 있는 까닭도 이러한 이유 때문이라지요. 하루를 12시간(자시~해시)으로 적당히 구분했던 조선에서 24시간과 60분으로 세밀하게 하루를 구분하는 시계의 시대로 접어든 셈이에요.

 이렇게 개항과 함께 들어온 신문물은 사람들의 삶을 점점 더 효율이 중요한 사회로 바꾸어 놓았습니다.

## 신분보다는 돈! 자본주의 사회로

개항 전 조선은 전통적으로 양반 중심의 신분제 사회였습니다. 사농공상이라는 말에서 알 수 있듯이 선비, 농민, 수공업자, 상인의 순서대로 직업에 귀천이 있다고 여겼지요. 양반들은 상인을 '장사치'라고 낮추어 부르기도 했고, 돈 이야기를 대놓고 하는 것은 점잖지 못하다고 생각했어요. 화려하고 사치스러운 것 대신 검소함을 미덕으로 내세웠고요.

그렇지만 개항 후 조선은 점점 세계의 자본주의 경제 질서에 속하게 됩니다. 낯선 나라의 공장에서 만들어진 신기한 물건이 개항장에 들어오면서 일상생활에 변화가 생겼을 뿐만 아니라 새로운 경제 관념도 생겼습니다.

외국과 무역을 하려면 돈이 필요했고, 외세에 경제가 종속되지 않으려면 우리 스스로 회사도 만들고 자본도 모아야 했거든요. 황실이나 양반 출신 고위 관리들이 은행 설립에 적극적으로 참여한 것은 돈에 대해 달라진 인식을 보여 주어요. 또한 국외로 이주하여 무역으로 부호가 된 최봉준의 사례도 개항기를 슬기롭게 헤쳐 나간 개인의 삶을 보여 줍니다.

보통학교 학도용 《국어 독본》에 실린 운동회 삽화

# 새로운 놀거리,
## 볼거리에서 즐거움을 찾다

개항기 교과서에 실린 운동회 그림입니다. 깃발을 향해 달려
드는 학생들을 보고 구경꾼들이 손을 흔들며 응원하고 있군요.
운동회에는 각종 스포츠와 체조, 음악, 행진 등이 다채롭게 펼쳐
졌어요. 황제와 정부 고관도 관람했고, 남녀노소 구분 없이 수많
은 구경꾼이 모여 즐겼지요. 이처럼 개항기는 신기하고 재미있
는 놀거리와 볼거리가 많이 생겨나는 시기였습니다. 당시 사람
들이 즐겼던 신식 놀이가 어떤 것인지 알아볼까요?

## 개항기 사람들의 '규칙 있는 장난'

우선 학문도 배우려니와 몸이 굳세게 되기를 공부하는 것이 매우 급선무이니, 지각 있는 사람들은 운동을 하며 '규칙 있는 장난'을 시간을 정하여 놓고 매일 얼마큼씩 하여 (중략) 몸이 충실해지고 체증이 없어지며 마음이 단단해지고……. _〈독립신문〉(1897. 2. 20.)

운동을 하여 몸과 마음을 단단히 해야 한다는 내용의 기사입니다. 그런데 여기서 '규칙 있는 장난'이 무엇일까요? 서양의 스포츠를 우리 식으로 표현한 말이에요. 스포츠가 언뜻 재미있게 장난치는 모습처럼 보이지만, 자세히 관찰하면 규칙이 있다는 점에서 붙인 말이지요.

개항기에는 축구, 야구, 농구, 정구(테니스) 등 우리에게도 익숙한 스포츠가 소개되었어요. 선교사들이 세운 배재 학당이나 이화 학당 등 신식 학교에서는 학생들이 체조를 하고 스포츠를 즐기기도 했지요.

하지만 모두가 즐거워한 건 아니에요. 평소 행동거지가 느긋하고 우아해야 한다고 여겼던 양반들은 땀 흘려 운동하는 일을 꺼렸거든요. 더구나 이때는 여성이 운동하는 걸 부정적으로 바라보았답니다. 심지어 이화 학당에서 맨손 체조를 가르친 일이

춘계 운동회 모습

사회 문제가 된 적이 있었어요.

그렇지만 스포츠를 직접 체험하면서 사람들의 생각이 조금씩 바뀌기 시작했습니다. 1895년에 고종은 '교육입국 조서'를 반포하여 덕·체·지를 갖춘 인재를 길러야 한다고 강조했지요. 〈독립신문〉 기사처럼 몸과 마음을 단련하기 위하여 '규칙 있는 장난', 즉 스포츠를 장려하는 분위기도 형성되었고요.

각 학교에서는 운동회를 개최하는 것이 유행하기 시작했습니다. 여러 학교가 연합하여 대운동회를 열기도 했지요. 이러한 행사가 신문에 소개되기도 했어요. 정부 고관을 비롯하여 지역 유지, 상인, 기생 등 다양한 계층의 남녀노소가 보조금을 지원할 만큼 운동회에 대한 관심이 높았거든요.

1908년 5월 21일에 대한 제국의 마지막 황제인 순종도 황후와 함께 연합 운동회에 참석했습니다. 운동회를 즐긴 순종은 다음 해 운동회에 100원을 하사하였다고 해요. 화폐 가치 변동이 크긴 했지만 당시 100원은 요즘 돈으로 약 730만 원 정도 되어요. 순종이

조선 사람들의 근대 생활 탐구

꽤 많은 돈을 하사하면서 운동회의 부흥에 이바지한 셈이지요.

운동회에서는 투포환, 멀리뛰기, 높이뛰기, 이인삼각 달리기, 줄다리기 등이 진행되었어요. 그런데 시작 전에 학생들이 군대식 행진을 선보인 것이 눈길을 끌어요. 그동안 익힌 군대식 행진과 절도 있는 체조를 선보이며 씩씩한 문명인으로 거듭났다는 것을 보여 주려 한 듯해요. 이처럼 운동회는 재미뿐 아니라 학생들의 체력과 건강한 신체를 뽐내는 장이었답니다.

## 축구와 야구, 공놀이에 마음을 빼앗기다

아래쪽 사진은 짚으로 만든 축구공이에요. 우리가 흔히 보는 가죽으로 된 축구공과는 완전히 다르죠? 짚으로 된 축구공 말고도 돼지 오줌보에 바람을 넣어 차고 노는 경우도 있었어요. 공 하나만 있으면 다 같이 우르르 뛰어다니며 신나게 놀 수 있었지요.

그런데 우리나라에서 축구는 언제 어떻게 시작되었을까요? 1882년 6월, 인천항에 영국 군함 플라잉피시호가 들어온 적이 있는데요. 군인과 승무원들이 인천 부두에 내려서 공차기를 했다지요. 그런데 그 무렵은 조선이 영국과 정식 수교를 맺기 전이어서, 허가 없이 정박했던 플라잉피시호가 서둘러 떠나야 했

짚으로 만든 축구공

어요. 그때 흘리고 간 공을 아이들이 주워 놀면서 축구가 시작되었다는 이야기가 전해요.

이후 선교사들이 세운 학교에서 학생들이 축구를 즐기곤 했는데, 지금의 모습과는 사뭇 달랐다고 해요. 경기 인원이나 시간은 제각각이었고, 골대 높이도 골키퍼의 키로 정했다나요. 경기 중에는 패스도 없이 하늘에다가 공을 뻥 차기만 하는 데다, 상대편이 백기를 들고 항복해야 경기가 끝이 났습니다. 그 후 학교 체육 수업에서 축구를 정식으로 가르치면서 차차 체계적인 경기가 진행되었다지요.

한국 최초의 공식적인 축구 경기는 1906년 3월에 서울 삼선평에서 열린 황성 기독교 청년회(YMCA)와 대한 체육 구락부 사이의 축구 시합이라고 할 수 있어요. 황성 기독교 청년회 운동부는 청년들의 체질을 강하게 한다는 목표로 조직된 체육 단체인데요. 축구뿐만 아니라 여러 근대 스포츠를 도입했다고 해요.

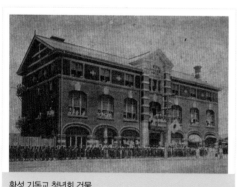
황성 기독교 청년회 건물

황성 기독교 청년회는 야구와도 상당히 관련이 깊어요. 야구는 1904년에 미국인 선교사 질레트가 황성 기

조선 사람들의 근대 생활 탐구

YMCA와 대한 체육 구락부 간의 국내 첫 공식 경기 사진

독교 청년회 회원에게 소개하고 지도하면서 보급되었거든요. 당시에는 야구를 "공을 친다."라는 의미를 담아 '타구'라고 불렸습니다.

그런데 이전에도 조선에서 야구 경기가 열린 적이 있어요. 1896년 4월 25일, 서대문 외곽 공터에서 미국 해병 대원과 미국인 거주자들이 야구 경기를 벌였는데요. 이 경기에서 미국 해병 대원 팀이 1점 차로 승리했다고 하네요.

〈독립신문〉은 이 팀들이 6월 23일에 개최한 경기 소식을 전했는데, 선수 명단에 조선 출신 미국인도 있었습니다. 미국인 팀의 6번 타자 겸 중견수로 출전한 필립 제이슨이었지요. 사실 필립 제이슨은 〈독립신문〉을 발행한 서재필의 미국식 이름이에요. 갑신정변에 실패하고 미국으로 망명했던 서재필이 조선에 와서 미국 팀 선수로 경기에 나왔던 것이지요.

한국인으로 구성된 최초의 야구 경기는 1906년에 개최된 황성 기독교 청년회와 독일어 학교인 덕어 학교의 경기입니다. 경기는 덕어 학교가 3점 차로 승리했다고 해요.

그 당시 야구는 한마디로 동네 야구 수준이었어요. 선수들은 유니폼도 없어서 한복을 입고 출전한 데다 짚신을 신고 뛰었거든요. 심지어 야구 방망이 하나를 교대로 사용할 만큼 야구 용품을

여기서 잠깐

## ☞ 스포츠에 진심이었던, 황성 기독교 청년회 ☜

1903년에 외국인 선교사들이 설립한 기독교 청년 단체예요. 초대 회장에는 헐버트가, 창설 전문 간사에는 질레트가 임명되었어요. 교육·계몽·선교에 목적을 두고 있었기에 교육 기관인 황성 기독교 청년 학관을 설치하고 연설회나 토론회, 운동회와 같은 사업을 실시했지요. 유도, 검도, 야구, 스케이트, 복싱 등 여러 운동을 도입하여 우리나라 체육 발전에 큰 공헌을 했답니다.

종교 활동과 관련된 집회에 참가한 연인원이 이만 명, 강연회 등 각종 프로그램의 참가자가 연 오만 명을 넘어서자 황실에서 지원금을 하사하기도 했어요. 한일 합병 이후에는 일본으로부터 직접적인 탄압을 받게 되는데요. 국민 계몽과 종교 활동에만 치우쳐 국권 회복에는 소극적이었다는 비판도 있습니다.

조선 사람들의 근대 생활 탐구

YMCA 야구단. 앞줄 가장 오른쪽이 질레트 선교사이다.

제대로 갖추지 못했지요.

그 후 수차례 경기가 실시되면서 각 학교에 야구팀이 조직되기 시작했습니다. 1909년 7월 21일에 일본 유학생으로 구성된 대한 흥학회 야구부와 서양 선교사·황성 기독교 청년회 연합 팀의 경기가 있었는데요. 대한 흥학회 야구부가 19 대 9로 승리를 거두었지요. 이때 대한 흥학회 야구부는 유니폼 차림에 스파이크를 신고 경기에 참여했다고 해요.

조선에서 유니폼과 야구 장비를 제대로 갖추고 경기를 한 건 처음이었다고 해요. 이에 황성 기독교 청년회 야구단도 영향을 받아 한국 팀 최초로 유니폼을 맞춰 입었어요. 무엇보다 이 경기에서 대한 흥학회 야구부가 〈소년 남자 운동가〉라는 야구 운동가를 소개했습니다. 오늘날 야구 응원 문화가 이때부터 시작된 셈이에요.

〈소년 남자 운동가〉

무쇠 골격 될 근육 소년 남자야 애국의 정신을 분발하여라

다다랏네 다다랏네 우리나라에 소년의 활동 시대 다다랏네

〔후렴〕

만인 대적 연습하여 후일 전공 세우세

절세 영웅 대업이 우리 목적 아인가

## 너나없이 활동사진의 매력에 빠지다

개항기에는 운동회나 스포츠 경기 외에도 신기한 볼거리가 들어왔습니다. 바로 활동사진이라고 불렸던 영화예요.

동대문 내 전기 회사 기계창에서 시술하는 활동사진은 일요일 및 비 오는 날을 제외하는 매일 8시부터 10시까지 설행되는데, 대한 급 구미 각국의 생명 도시의 절승한 광경이 구비되었다. 허입 요금 동전 10전.

_〈황성신문〉(1903. 6. 23.)

개항기 신문에 활동사진 광고가 실렸습니다. 앞의 광고 문구는 세계 여러 도시의 아름다운 광경을 담은 활동사진을 보러 오라는 내용입니다. 장소와 요일, 시간, 입장 요금을 알 수 있네요.

그런데 왜 비 오는 날에는 활동사진을 상영하지 않았던 걸까요? 초기에 영화관은 간단한 스크린과 영사 장비 정도를 갖춘 야외 극장이었기 때문입니다. 따라서 비 오는 날은 피했고, 주로 밤에 상영했습니다.

입장료는 자리에 따라, 또 영화관마다 달랐는데요. 좋은 좌석은 약 20전, 일반 좌석은 10전이었다고 합니다. 매일 저녁 영화관의 입장료 수입은 100원이 넘었다지요. 10전을 1원으로 계산하면 하루에 약 백여 명 정도의 관객이 다녀간 셈이에요.

초기 활동사진은 이 분에서 삼 분짜리 소리 없는 영상인 데다 대부분 다큐멘터리였습니다. 그래서 판소리, 탈춤, 창극, 연극, 곡예, 기생의 공연 등을 활동사진과 함께 추가했다고 해요. 무성 영화를 상영할 때는 악사들의 연주와 변사의 해설이 곁들어지기도 했는데요. 변사는 영화에 맞추어 줄거리를 요약해서 설명하고, 배우들의 대사를 연기하던 직업이었어요. 이렇듯 신기한 활동사진의 매력에 빠져 관람객이 점점 늘어났습니다.

그렇다면 우리나라에 영화관은 언제 생겼을까요? 활동사진 상설관으로 가장 먼저 문을 연 곳은 1910년에 세워진 경성 고등 연

예관이라고 합니다. 그 후로 우미관과 단성사, 조선 극장이 차례대로 문을 열었습니다. 1907년 종로에 세워진 단성사는 원래 판소리와 창극을 공연하던 극장이었는데, 1918년부터 활동사진 전용관이 되었습니다.

단성사는 한국 영화 역사에서 중요한 위치를 차지합니다. 1919년 10월 27일 단성사에서 한국 최초의 영화로 꼽히는 연쇄극 〈의리적 구토〉가 개봉했거든요. 이후 10월 27일은 '영화의 날'로 지정되기도 해요.

연쇄극이란 영화를 섞어 상영하는 특수한 연극을 뜻해요. 배우가 무대 위에서 연기를 펼치다 사라지면 스크린에서 영화가 나오고, 영상이 꺼지면 배우가 다시 무대 위로 올라가 연기를 펼치는 식이지요. 영화의 상영 시간이 짧다 보니까 이런 형식의 연쇄극이 등장한 거예요.

1926년 10월 1일에는 최초의 극 영화인 나운규 감독의 〈아리랑〉이 개봉했습니다. 사실 일제 강점기에 조선 영화는 드물었고, 주로 할리우드 영화를 상영했어요.

단성사 주보. 반으로 접어서 사용하는 형태로 영화 사진과 내용이 실려 있다.

조선 사람들의 근대 생활 탐구

영화 〈아리랑〉에 함께한 사람들. 가운데 아이를 안고 있는 사람이 나운규이다.

## 궁궐에 동물원과 식물원이?

개항기에 사람들의 발걸음을 이끈 볼거리가 또 있었습니다. 바로 동물원이에요. 우리나라 최초의 동물원은 창경궁 안에 만들어졌는데요. 전 세계 서른여섯 번째이자 아시아 일곱 번째라고 합니다. 동물원은 순종의 무료함을 달래기 위해서 만들어졌지만, 1909년 11월 1일부터 일반인들도 관람할 수 있게 되었어요. 동물원에는 캥거루, 원숭이, 호랑이, 낙타, 공작새 등 73종의 동물 삼백오십팔 마리가 있었는데요. 신기한 동물들을 직접 보기 위해 많은 사람이 동물원으로 향했지요.

동물원의 입장료는 성인이 10전, 다섯 살에서 열 살까지의 아동

창경궁 동물원을 구경하는 사람들과 대온실의 현재 모습

은 5전이었습니다. 1909년에는 약 만 오천 명 이상이 다녀갔는데, 그다음 해에는 관람객 수가 십일만 명 이상으로 크게 늘었어요.

그 무렵 동물원에는 일정한 제약이 있었어요. 술에 취한 사람이나 보호자가 없는 일곱 살 미만 어린이는 입장을 할 수가 없었답니다. 또 음식물은 휴게소에서만 먹을 수 있었고, 순종이 관람하는 월요일과 목요일에는 아무도 입장할 수 없었지요.

창경궁에는 일제가 최초의 서양식 식물원이라고 홍보했던 대온실도 있었어요. 대온실은 철재와 목재로 뼈대를 세운 뒤 유리를 뒤덮은 건물이었지요. 온실 앞에는 분수가 있는 프랑스식 정원도 만들어졌습니다.

사실 창경궁에 이런 시설들이 만들어진 것은 대한 제국 황제의 권위를 낮추려는 일제의 의도에서 비롯되었어요. 대한 제국 황실의 궁궐을 대중의 오락 시설로 전락시키고, 대한 제국의 국고에서 동물원의 유지 비용을 지출하게 한 거지요. 그래서 창경궁에서 창경원으로 격하시키기도 했고요. 창경궁의 동물원과 식물원이 크게 인기를 끄는 동안 대한 제국은 국권을 잃어 가고 있었다는 점이 참 씁쓸합니다.

이처럼 대중의 여가 생활에도 당시 시대 상황이 반영되어 있습니다. 놀이와 여가 문화는 개항기 대중이 에너지를 발산하고 즐거움을 느끼는 수단이 되었고, 오늘날까지 이어져 가고 있어요.

# 3

"다양한 신문을 통해

정보와 의식을 공유하면서

조선 시대의 '백성'은

근대의 '국민'으로 바뀌어 갔습니다."

새로운
세상에
눈뜨다

경복궁의 〈전기사등도〉

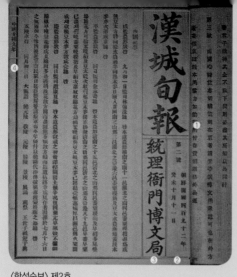

〈한성순보〉 제2호

# 신문, 시대를 담은 종이

　1883년 10월 31일, 우리 역사상 최초의 신문이 세상에 나왔습니다. '열흘에 한 번씩 발행하는 소식지'라는 뜻을 가진 〈한성순보〉예요. 조선 시대에는 이미 중앙 정부에서 각 관청에 배포하는 통신문으로 '기별'이라는 것이 있었어요. "간에 기별도 안 간다."라는 속담의 기별이 바로 이것이지요. 기별은 조보라고도 했는데, 〈한성순보〉와 내용과 구성이 상당히 비슷합니다. 정부에서 기별 외에 별도로 신문을 발행한 까닭은 무엇일까요?

## 사람들의 눈과 귀를 틔워 주는 신문

지금은 지역이 점차 열리고 지혜도 날로 발전하여 증기선이 전 세계를 누비고 전선이 서양까지 연결되며, 공법을 제정하여 국교를 수립하고, 항만과 포구를 축조하여 서로 교역하므로 [중략] 그러므로 우리 조정에서도 박문국을 설치하고 관리를 두어 외국의 신문을 폭넓게 번역하고, 아울러 국내의 일까지 기재하여 나라 안에 알리는 동시에 다른 나라에까지 공포하기로 하고, 이름을 순보라 하여 견문을 넓히고 여러 가지 의문점을 풀어 주고, 상업에도 도움을 주고자 하였다. _ '순보서', 〈한성순보〉(1883. 10. 31.)

〈한성순보〉 제1호의 첫 면에 실린 글입니다. 세상이 변했으니 견문을 넓히기 위해 국내외 소식을 실어 신문을 발행한다는 뜻을 밝히고 있네요.

1880년대 초반, 사절단의 일원으로서 외국에 다녀온 개화파 관리들은 적극적으로 개화 정책을 추진했어요. 선진 문물을 받아들여 국력을 키우고 외세로부터 우리나라를 지켜야 한다고 여겼거든요. 그렇지만 대부분의 사람들은 서양을 오랑캐로 인식하여 그들의 문화를 받아들이는 것을 꺼렸습니다. 이에 정부는 개화 정책의 목적과 필요성을 널리 알리기 위하여 〈한성순보〉를 발행했어요.

이 신문은 기별이라고도 부르는 조보처럼 단순히 행정 업무를 위한 소식을 전달하는 데 그치지 않았습니다. 지역 소식, 물가 상황, 외국과의 조약 내용, 과학과 기술 등 다양한 국내 소식은 물론 러시아, 독일, 영국, 베트남 등 세계 각국의 소식을 소개했어요. 그중에서 국가 간의 전쟁 소식이나 군사 정책, 그리고 전기를 비롯해 과학 기술의 발달에 관한 이야기가 사람들의 흥미를 많이 끌었습니다.

안타깝게도 〈한성순보〉는 이듬해 갑신정변으로 박문국과 인쇄 시설이 모두 불타 버리면서 발행이 중지되었어요. 이를 두고 사람들은 "그동안 겨우 틔었던 눈과 귀가 다시 어두워지는 느낌을 받았다."라고 하면서 매우 아쉬워했지요.

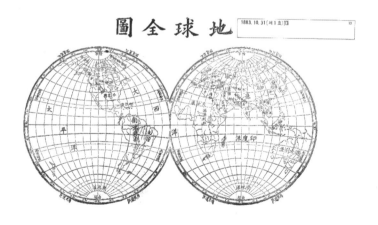

〈한성순보〉 제1호에 실린 지구 전도. 지구가 둥글다는 정보와 함께 세계 여러 나라를 수록했다.

조선 사람들의 근대 생활 탐구

그 후 박문국이 다시 설치되고, 1886년 1월에 〈한성주보〉라는 신문이 세상에 나왔습니다. 이 신문은 여러 가지로 〈한성순보〉와 달랐습니다. 우선 열흘이 아닌 일주일에 한 번씩 발행되었기 때문에 더 많은 소식을 빨리 전파할 수 있었어요.

또한 관리가 아니어도 누구나 자유롭게 글을 투고할 수 있었지요. 박문국은 투고된 글을 별책 부록처럼 엮어 함께 실었습니다. 더 많은 사람이 생각을 표현할 수 있는 길이 열린 것이에요. 또한 〈한성주보〉는 주제별로 국한문, 순한문, 순한글의 기사를 다채롭게 실어서 독자층을 넓히기도 했어요. 이렇게 과거의 '기별'은 사람들의 견문을 넓혀 주는 특별한 '신문'으로 거듭났답니다.

## 신문의 날이 4월 7일인 이유는?

달력을 보면 수많은 기념일이 있지요. 그중에는 언론인들이 신문의 사명과 책임을 자각하고 강조하기 위해 기념하는 '신문의 날'도 있습니다. 신문의 날은 4월 7일입니다. 우리 역사상 최초의 신문인 〈한성순보〉의 첫 발행일은 10월 31일인데, 왜 신문의 날은 다른 날짜일까요?

4월 7일은 바로 1896년 〈독립신문〉이 창간된 날이에요. 이전에 간행되던 〈한성주보〉는 재정 부족으로 이 년 만에 폐간되었어요. 그 뒤 〈조선순보〉, 〈조선신보〉, 〈한성신보〉 등 여러 신문이 있었지만, 모두 일본인이 만든 신문이었습니다. 이 신문들은 일본의 입장을 대변하는 데 앞장섰지요. 일본 덕분에 조선이 변화하고 있다는 식의 기사를 게재하면서 정작 조선의 중요한 정치적 사건이나 의병 활동에 대해서는 제대로 알리지 않았답니다.

박정양, 윤치호 등 몇몇 정부 인사들은 일본인의 신문을 경계하며 다시금 우리의 신문을 발행하고자 했어요. 이러한 상황에서 마침 서재필이 귀국하면서 신문 발행에 박차를 가하게 되었지요.

그는 갑신정변이 실패한 경험을 통해 몇몇 개혁가들의 패기만으로는 국가를 변화시킬 수 없으며, 깨어 있는 국민 다수의 지지가 필요하다는 사실을 깨달았어요. 나아가 미국에서 신문의 영향력을 몸소 체험했던 기억을 바탕으로 조선에서 신문을 발행하기로 결심했습니다.

서재필

서재필은 정부의 파격적인 지원을 받아 1896년 4월 7일 〈독립신문〉을 창간했습니다. 〈독립신문〉은 이전의 〈한성순보〉, 〈한성주보〉와 다르게 최초로 민간인이 발행한 신문이에요. 비록 정부의 자금 지원을 받기는 했지만, 내용에 대한 간섭은 거의 없었기 때문에 정부 정책에 대해서도

조선 사람들의 근대 생활 탐구

자유롭게 비판했어요.

특히 신문의 가장 중요한 부분이었던 '논설'에서 "정부 관원이라도 잘못하는 것이 있으면 우리가 말할 터이요, 탐관 오리들을 알면 세상에 그 사람의 행적을 알릴 터"라고 했습니다.

〈독립신문〉은 "한자에 비해 배우기 쉽고, 조선글이어서 조선 인민 상하귀천이 모두 알아보기가 쉽다."라고 하면서 순한글로 신문을 발행했어요. 읽기 편하도록 띄어쓰기를 한 것도 매우 혁신적인 시도였지요. 이와 함께 영문판으로도 신문을 발행하여 국내에 있는 외국인에게 조선인의 입장과 주장을 널리 알렸습니다.

〈독립신문〉 순한글판과 영문판

〈독립신문〉은 무엇보다 국민의 권리와 의무를 일깨우는 역할을 했어요. 지방민이 스스로 지방관을 뽑아야 한다는 주장을 실었고, 여성을 천대하는 악습을 비판했지요. 또, 외국의 이권 침해 상황을 고발하고 정부의 잘못을 비판하며, '독립'의 의미가 무엇인지 힘주어 말했습니다.

이처럼 거침없이 기사를 싣던 〈독립신문〉은 외세와 정부의 압

박에 시달리게 되었어요. 결국 서재필이 미국으로 돌아가고, 책임자가 몇 차례 바뀌다가 1899년 12월에 폐간되고 말았지요.

비록 발행 기간은 짧았지만 〈독립신문〉은 대중의 지식을 높이고 자주적인 정신을 기르는 데 크게 기여했어요. 서재필의 회고에 따르면, 신문 한 장이 배달되면 이백 명이 돌려 읽을 정도였다고 해요. 어떤 곳에서는 신문을 읽은 사람이 그 내용에 대하여 연설을 하기도 했습니다.

이후 발행된 여러 신문들 역시 〈독립신문〉과 마찬가지로 국민에게 진실을 알리고 국가의 위기를 합심하여 극복하자고 호소하여 큰 울림을 주었습니다. 이제 신문의 날이 왜 4월 7일로 제정되었는지 그 수수께끼가 풀렸나요?

## 글로 나라를 구하려 한 대한 제국의 신문들

〈독립신문〉이 발행되던 시기에 고종은 대한 제국을 선포하고 황제에 즉위했습니다. 외세의 침탈에 휘둘리지 않는 강력한 국가를 만들겠다는 의지를 표현한 것이지요. 그러나 러일 전쟁(1904~1905) 이후 일본과 강제로 을사늑약을 맺고 외교권을 빼앗기면서 국운이 점차 기울게 되어요.

이때 바람 앞의 등불 같던 대한 제국의 처지를 널리 알리고 나

조선 사람들의 근대 생활 탐구

라를 구하려 했던 신문들이 있었습니다.

아아, 원통하고 분하도다! 우리 이천만 남의 노예가 된 동포여! 살았는
가! 죽었는가! 단군과 기자 이래 사천 년 국민 정신이 하룻밤 사이에 갑자
기 멸망하고 마는 것인가! 원통하고 원통하다! 동포여! 동포여!

_ '시일야방성대곡', 〈황성신문〉(1905. 11. 20.)

그중 〈황성신문〉은 '시일야방성대곡'이라는 글을 실어 을사늑
약의 부당함과 무효를 주장했으며, 조약 체결에 찬성한 이완용, 박
제순 등을 을사오적이라고 비판했습니다. 강직한 논설로 민족의
식을 일깨운 이 신문은 유학자 남궁억이 1898년에 창
간했어요. 이때까지만 해도 신문에 대한 양반과 유생
의 시선은 곱지 않았습니다. 신문이 감히 정치를
비방하고 백성을 선동한다고 여겼거든요.

이러한 양반과 유생의 마음을 사로잡은 신문이
바로 〈황성신문〉이었습니다. 이 신문은 당시 대
세였던 순한글 대신 양반들에게 친숙한 한문 위
주로 기사를 작성했어요. 오늘날 논설위
원에 해당하는 주필은 박은식, 신채호 등
당대 한학에 정통한 학자들이 맡았지요.

남궁억 동상

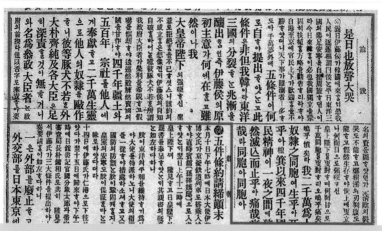

'시일야방성대곡'이 실린 〈황성신문〉. 시일야방성대곡은 '이날 목놓아 통곡한다.'는 뜻이다.

〈황성신문〉은 유교의 근본을 유지하되 옛것만을 고집하지 않고 새로운 것을 수용해야 한다고 주장했습니다. 나아가 시대의 변화에 맞게 도덕과 의리를 실천하는 것이 학자의 도리라고 강조했어요. 당시 상황에서 우리도 문명국이 되기 위해서는 중국 중심의 사고에서 벗어나 국가에 대한 애국심을 길러야 한다고 당부했지요. 신문은 날로 심해지는 일본의 침략에 대하여 맹렬하게 비판하여 양반과 유생들의 지지를 받았습니다.

또 다른 대표적인 항일 신문으로 〈대한매일신보〉가 있습니다. 이 신문은 러일 전쟁이 일어난 직후인 1904년 7월, 영국인 어니스트 베델과 한국인 양기탁이 함께 만들었는데요. 베델은 원래 러일 전쟁을 취재하러 한국을 방문한 기자였습니다. 그러나 일

조선 사람들의 근대 생활 탐구

본의 침략으로 고통받는 대한 제국의 상황을 보고 분노하여 한국인들에게 도움이 되는 길을 택했지요. 그는 자신이 외국인이기 때문에 치외 법권을 적용받는다는 점을 내세워 〈대한매일신보〉의 든든한 보호막 역할을 했습니다.

창간 당시의 신문은 〈The Korea Daily News〉라는 제목의 영문판 4면과 〈대한매일신보〉라는 제목의 한글판 2면을 합친 6면짜리 신문이었어요. 재정난으로 잠시 휴간되었던 〈대한매일신보〉는 1905년에 재발행되면서 순한글판이 국한문 혼용판으로 바뀌었습니다. 한국의 많은 지식인층을 포용하기 위함이었지요. 또, 고종의 자금 지원으로 새로운 기계를 들여와 발행 면수를 확장했어요.

여기에 박은식, 신채호 등 민족 학자들이 참여하면서 교육과 정부의 개혁, 민족의 단결 등 국내 문제를 다룬 논설의 비중이 커졌습니다. 이후 순한글판이 다시 추가 발행되면서, 독자가 늘어나고 칠천부 이상 판매되었지요.

〈대한매일신보〉는 베델이 영국인이라는 점을 활용하여 비교적 자유롭게 일본을 비판하는 글을 실었어요. 〈황성신문〉

어니스트 베델

의 '시일야방성대곡'을 영어로 번역하여 싣는가 하면, 항일 의병 운동을 널리 알리고 국채 보상 운동을 지원했습니다. 이를 못마

## ∽ 개항기의 금 모으기 운동, 국채 보상 운동 ∾

러일 전쟁 후 일본은 대한 제국 정부에 막대한 자금을 빌리도록 강요했어요. 그 결과 1907년 당시 대한 제국이 일본에 진 빚은 1,300만 원 정도였는데, 이는 대한 제국 정부의 일 년 예산과 맞먹었다고 해요.

이처럼 일본의 경제적 예속이 심해지자, 김광제와 서상돈 등이 국채 보상 운동을 시작했어요. 남자들은 금연으로, 부녀자들은 비녀와 가락지를 팔아 모은 돈을 모금에 보탰습니다. 대구에서 시작된 이 운동은 1907년 12월까지 전국으로 확산되었지요. 그러나 일본은 이 운동을 방해하기 위해 베델을 추방하고 횡령죄를 뒤집어씌워 양기탁을 구속했어요. 결국 모금 운동이 중단되어 결실을 맺지 못했답니다.

국채 1,300만 원은 우리나라가 존재하고 망하는 것과 직결된 일입니다. 갚으면 나라가 보존되고, 갚지 못하면 나라가 망할 것은 틀림없는 일입니다. 그런데 지금 국고로는 갚을 형편이 못 되니 [중략] 이천만 민중이 삼 개월 동안 담배를 피우지 말고 그 대금으로 1인당 매달 20전씩 거둔다면 거의 1,300만 원을 모을 수 있습니다. 그리고 그 액수가 다 차지 못하는 일이 있더라도, 지원하여 1원, 10원, 100원, 1,000원을 특별 출연하는 사람도 있을 것입니다.

_ '국채 1,300만 원 보상 취지서', 〈대한매일신보〉(1907. 2. 21.)

조선 사람들의 근대 생활 탐구

땅하게 여긴 일본의 탄압으로 많은 시련을 겪게 되지만 〈대한매일신보〉는 발행되는 내내 글로써 구국 운동을 펼쳤어요.

〈대한매일신보〉 편집국의 모습

## 개항기 신문은 어떻게 운영되었을까?

'구독'과 '좋아요'는 개항기 신문에도 중요했습니다. 구독자가 많고 독자와 광고주의 참여가 많아야 신문사도 수입을 얻고 신문을 발행할 수 있었기 때문이에요. 그렇다면 당시 신문 가격은 과연 얼마였을까요?

"읽고 나면 창호지도 되고, 밥상 덮개도 되는 신문 한 장에 동전 1푼이요!"

서재필은 직접 거리로 나가 이렇게 외치며 〈독립신문〉을 팔았다고 해요. 초반에 〈독립신문〉 한 부는 동전 1푼(혹은 1전), 배달인 경우 한 달 구독료(12부) 12푼(혹은 12전)이면 볼 수 있었습니다. 《독립신문》 발간 당시에는 엽전(상평통보)과 동전(황동화)이 혼용되어 쓰이면서, 황동화 1전을 1푼으로 불렀다고 해요.) 참고로 1899년에 개통된 전차의 종로에서 용산 구간 일반 등급 요금은 12전이었는데요. 신문사는 되도록 많은 사람이 읽어 깨우치기를 바라는 마음에서 손해를 감수하면서까지 저렴한 가격으로 신문을 판매했어요.

반면에 영문판 신문은 한 부에 5푼 정도로 좀 더 비싼 편이었습니다. 이는 외국인의 경제 사정이 한국인에 비해 더 나았기도 했고, 한글판을 되도록 저렴하게 유지하기 위함이었습니다. 그 후 《독립신문》보다 더 뒤에 나온 민간 신문들은 4푼 정도에 팔렸습니다.

오늘날 편의점이나 가판대에서 신문을 살 수 있듯이, 당시 서울에서는 길을 가다가 가판에서 신문을 구매할 수 있었어요. 정기 구독을 하면 집으로 배달을 받을 수도 있었고요.

지방에서는 우편을 통해 신문을 받아 볼 수 있었는데요. 이는 갑오개혁 이후 전국 각지에 우편 시스템이 구축된 덕분이었습니다. 또한 정부가 우편 요금에 큰 혜택을 주었기 때문에 각 신문사는 일반 우편물보다 저렴한 요금으로 신문을 전국에 배송할 수 있었지요. 이렇게 받아 본 신문을 여러 명이 돌려 보았습니다.

당시의 신문들은 독자와 함께 신문을 만들어 가고자 했습니다. 신문사는 광고를 통해 글을 받았는데, 일반 백성은 물론 지방의 관리, 교사, 외국인 등 다양한 독자들이 신문사에 투고했어요.

투고한 글 중에는 탐관오리의 부정부패를 고발하거나 재판 결과에 대하여 억울함을 호소하는 내용도 있었습니다. 반대로 '○○ 지역 인민'의 이름으로 우리 군수님이 좋은 정치를 베푼다고 자랑하는 글도 볼 수 있었고요. 이러한 글을 읽은 정부 관리들은 마치 답장을 보내듯 신문사에 글을 보내어 다음 호에 실리도록 했어요.

독자가 신문사에 글을 보낼 때 형식은 크게 상관없었지만, 중요한 원칙이 한 가지 있었습니다. 기사의 신뢰도가 생명이기 때문에 글쓴이의 주소와 이름을 정확히 밝혀야 했거든요. 만약 실명 공개를 원하지 않는다면 '어느 유지각한 친구', '몰나요', '○○도 사는 아무개 씨' 등 익명으로 처리해 주었지요.

특이하게도 당시에는 편집자들이 기사에 자기 생각을 덧붙이곤 했습니다. 부당한 세금에 억울함을 호소하는 글 마지막 부분에 "자세히 조사하여 부정을 저지른 관리를 면직시키고 적당한 형률을 주는 것이 마땅하다."라는 의견을 쓰는 식이었어요.

이렇게 소통하는 모습이 마치 오늘날 인터넷에 글을 쓰고 댓글을 다는 것과 비슷해 보이지 않나요? 신문사에 글을 투고한 사람이라면 과연 나의 글이 어느 면에 실렸을지, 사람들의 반응은 어떠할지 궁금해하며 그다음, 또 그다음 신문을 기다렸을 것 같아요.

요즘에도 여전히 각 신문사는 독자들로부터 사건 제보와 투고를 받습니다. 일상 속 각종 사건 사고와 주변에 알리고 싶은 이웃과 나의 이야기, 신문에 대한 응원과 충고의 이야기까지, 신문은 평범한 사람들의 다양한 목소리를 들려주려고 노력하지요. 이것은 바로 세상을 움직이는 힘이며 사회가 얼마나 건강한지 보여 주는 지표입니다.

그렇지만 대한 제국의 신문들은 일본의 탄압으로 위기를 겪게 되었습니다. 을사늑약 이후 일본이 설치한 통감부가 대한 제국 정부에 신문지법 제정을 요구했거든요. 이때 만들어진 '광무 신문지법'은 대한 제국의 신문을 통제하는 기능을 맡아 했어요.

이 법에 의하면 신문사가 신문을 발행하려면 정부의 허가를 받아야만 했고, 정치와 사회에 대한 기사를 게재할 경우 많은 보증금을 내야 했지요. 그뿐 아니라 일본을 비판하는 내용이 실리면 신문을 압수당하거나 발행이 정지되었어요.

이후 신문들은 발행 정지와 해제가 반복되었답니다. 기사문 일부가 복자 처리된 경우도 많았고요. 복자는 활자를 뒤집어 인쇄하여 겹쳐 나오게 하는 것을 말해요. 또한 만평은 시꺼멓게 먹칠로 지워져 알아볼 수가 없었고요.

조선 사람들의 근대 생활 탐구

사람들은 이렇게 지워진 부분이 벽돌 같다고 해서 '벽돌 신문'이라 불렀어요. "이렇게 까다로운 법을 마련했으니 신문이 어찌 정부 관리의 잘잘못과 일반 인민의 선악을 논할 수 있으리오. 이제는 신문 기자 노릇도 할 수 없을 것이요, 신문이라고 볼

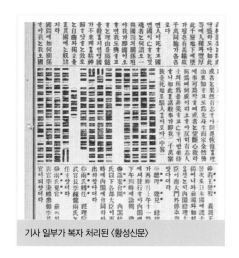

기사 일부가 복자 처리된 〈황성신문〉

것도 없을 것이다."라는 한탄이 여기저기서 들렸어요.

　신문은 당시 사람들에게 어떤 의미였을까요? 조선 사람들이 새로운 사상과 문물에 눈을 뜨고 지식을 넓힐 수 있는 통로였습니다. 또한 사람들이 나라의 장래를 위해 토론하는 소통의 장이기도 했고요. 이렇게 정보와 의식을 공유하면서 조선 시대의 '백성'은 점차 근대의 '국민'으로 바뀌어 갔어요.

## 논설

1면에는 논설이 지면을 가득 채우고 있었습니다. '논설'은 신문사의 정치적 입장이 명확하게 드러나는 코너로 신문의 꽃이라 할 수 있지요.

대체로 정부의 정책이나 외국의 이권 침탈 등을 비판하고 국민 계몽의 필요성이나 민족정신을 강조하며 바람직한 방안을 모색하는

〈독립신문〉의 논설

내용이었어요. 학교도 많지 않았던 이 시기에 국민을 깨우치는 큰 역할을 했다고 볼 수 있지요.

왼쪽의 논설은 '어떤 유지각한 사람'(익명)이 신문사에 투고한 글이네요. 이 글은 신문의 이로움을 말하고 있어요. 우리나라도 신문 기사를 통해 국가를 위하는 길을 생각하는 사람이 매우 많아졌음을 이야기하고, 신문을 친구 또는 선생으로 삼아 더욱 가까이하자는 내용이에요.

## 관보와 잡보

신문이 전체 4면이라고 가정했을 때, 2면과 3면에는 관보, 외국 통신, 잡보 등 다양한 코너들이 있었어요. '관보'는 정부 관리들의 인사 정보나 새로운 법령의 시행을 알렸습니다. '외국 통신'은 오늘날 신문의 국제면에 해당되고요. '잡보'는 말 그대로 잡다한 소식과 정보들이 모두 담겨 있는 코너로, 오늘날 신문의 사회면에 해당해요. 개별 기사들이 워낙 많이 실리기 때문에 대부분 '○'의 약물 기호로 기사 간의 구분이 이루어졌어요.

잡보에는 특히 범죄와 재판 관련 기사의 비중이 높은데요. 이를 통해 독자들에게 권선징악을 보여 주고자 했습니다.

〈제국신문〉의 잡보

잡보는 '~한다더라'로 문장이 끝나는 경우가 많아요. 직접 취재하는 것보다 정부의 문서나 독자 투고, 제보에 의존한 경우가 많아서 그렇다고 해요.

## 연재소설과 만화

연재소설은 평이한 문장으로 쓴 흥미진진한 이야기로 독자들을 끌어들였습니다. 일본인 신문의 소설이 퇴폐적이고 상업적인 것과 대조적으로 한국인 신문의 소설은 계몽적인 성격이 강했어요.

한국 최초의 신소설로 평가받는 이인직의 '혈의 누'예요. 무려 50회에 걸쳐 연재되었지요. 자주독립, 신교육 사상을 주제로 했으나 일본군을 긍정적으로 묘사한 점 등이 한계로 지적되고 있어요.

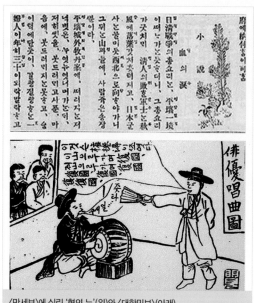

〈만세보〉에 실린 '혈의 누'(위)와 〈대한민보〉(아래)

우리나라 최초의 만화는 〈대한민보〉 창간호에 실린 삽화예요. 한 칸짜리 시사만화로 시대를 풍자하여 신문을 읽는 또 하나의 재미를 선사했습니다.

'새타령' 가사 중에 '뻐꾹'을 '복국(復國)'으로 써서 잃어버린 국권을 되찾고자 하는 의지를 드러냈어요.

## 광고

신문의 맨 마지막 면에는 주로 광고가 실렸습니다. 당시 신문의 운
영에는 광고료가 꽤 큰 비중을 차지했어요. 〈독립신문〉의 한글판은
한 달에 1단(28행)을 차지하는 광고료가 5원, 반 단(14행)에 3원이었
고, 영문판의 경우 가로세로 1인치(약 2.5센티
미터)짜리 한 달 광고가 1.20달러였어요. 서양
의 잡화와 식료품을 주로 광고했는데요. 신기
하고 품질 좋은 상품들의 유혹 속에서 서양의
자본주의가 개항기 사람들에게 스며들었지요.

세창 양행이 광고 도안을 처음으로 삽입한
뒤, 많은 광고주들이 광고에 그림을 함께 실었
습니다. 오른쪽 첫 번째 사진은 〈독립신문〉에
실린 것으로, 당시 만병통치약으로 알려져 인
기가 많았던 금계랍(말라리아 약) 광고입니다.

두 번째 사진은 구옥상전이 〈황성신문〉에
낸 맥주 광고예요. 황실에서 마시는 맥주임을
강조하고 있어요. 특히 개화한 사람은 능히 마
시는 것이라고 한 점이 눈에 띄네요.

〈독립신문〉(위)과 〈황성신문〉(아래)

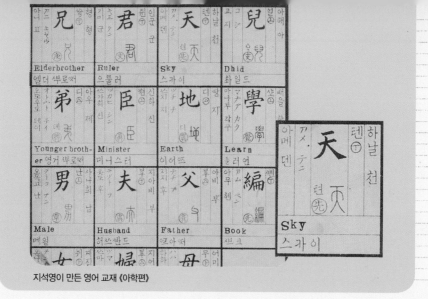

지석영이 만든 영어 교재 《아학편》

# 근대 교육, 새로운 삶을 개척하는 빛이 되다

　위의 책은 한문 교재인 것 같지만, 자세히 보면 알파벳과 한글, 가나 문자까지 적혀 있습니다. '하늘 천(天)'을 영어로 'sky'라고 쓰며 '스카이'라고 읽는다는 것을 쉽게 알 수 있네요. 이 책은 조선 후기 정약용이 쓴 책에 영어를 추가한 교재 《아학편》이에요. 개항기에는 여러 나라와 조약을 맺고 소통하려면 배워야 할 것이 너무나 많았어요. 개항 후 조선 사람들은 영어를 비롯하여 서양의 학문을 어떻게 익혔을까요?

## 새로운 교육이 시작되다

조선 최초의 근대식 학교는 수도 한성이 아닌 원산에 세워졌습니다. 원산은 강화도 조약으로 부산에 이어 두 번째로 개항한 곳이에요. 원산 주민들은 영사 재판권을 누리며 활동하는 일본 상인들과 외국 상품을 보고 시대의 변화를 느꼈을 거예요. 이에 새로운 시대에 맞는 인재를 양성하기 위해 후원금을 모아 1883년에 원산 학사를 세웠어요. 이때 개화파 관리들도 원산 학사 설립과 후원금 모금에 힘을 보탰다고 해요.

원산 학사는 학생들을 문예반과 무예반으로 구분했습니다. 초기에 문예반은 오십 명, 무예반은 이백 명이었어요. 학생이 이백오십 명이나 되었다는 것은 규모가 매우 큰 학교로 출발했다는 뜻이지요. 학생들을 여러 반으로 나눈 뒤 영어, 일본어, 산수, 물리, 국제법, 농업, 기계, 양잠, 광업 등 새로운 세상에 필요한 지식과 실용적인 내용을 두루 가르쳤습니다. 단, 공부를 게을리하거나 술집에 출입하거나 교사의 가르침을 따르지 않는 학생은 처벌했고, 심한 경우에는 퇴학을 시켰다고 해요.

원산 학사가 설립된 지 삼 년 후, 정부가 설립한 최초의 근대식 학교 육영 공원이 문을 열었습니다. 이는 미국에 보빙사로 다녀온 민영익의 건의에 따른 것이었어요. 영어를 가르칠 교사를 구하는 일이 가장 시급했지요. 다행히 헐버트를 비롯한 세 명의 젊

헐버트와 《사민필지》

은 선교사들이 육영 공원에 파견되었습니다.

그중 헐버트는 영어를 가르치는 한편, 자신도 조선의 말과 글을 익혔어요. 그는 쉽고 간편한 문자인 한글의 우수성을 알아보고 극찬했다고 해요. 또한, 1889년에 한글로 《사민필지》라는 지리책을 집필하여 수업 교재로 사용했습니다. 영어를 가르치러 조선에 온 헐버트가 오히려 한글에 매료된 점이 흥미롭지 않나요?

육영 공원의 학생은 현직 관리 중 젊은 사람, 양반 자제, 일부 중인에서 선발했는데요. 교육 내용은 영어 학습이 중심이었지만 서양 각국의 언어, 역사, 정치와 함께 수학, 지리, 과학 등도 배웠습니다. 요즘 중·고등학교의 교과목과 비슷하지요?

육영 공원은 정부에서 시대의 변화에 발맞추기 위해 설립한 엘리트 학교였습니다. 그렇지만 재정난 때문에 교사들의 월급이 종종 밀렸어요. 또한 과거제가 여전히 남아 있는 상태였기 때문에 과거 준비에 몰두하는 학생들도 있었고요. 교육 제도가 바뀌지 않은 상태에서 신식 학교를 운영하는 것은 어느 정도 한계가

조선 사람들의 근대 생활 탐구

있었던 듯해요. 육영 공원은 1894년까지 운영되다가 정부의 재정 상황이 어려워져 결국 문을 닫게 됩니다.

육영 공원을 거쳐 간 학생 중에 특이한 인물이 있는데요. 바로 친일파 이완용입니다. 그는 1887년에 초대 주미 공사인 박정양을 따라 미국에 파견되었어요. 육영 공원에서 일 년 정도 영어와 신학문을 배웠을 뿐인데도 미국으로 가게 된 것입니다. 당시 영어를 할 줄

미국에 파견된 초대 주미 조선 공사 일행. 앞줄 왼쪽에서부터 이상재, 이완용, 박정양.

안다는 것이 얼마나 큰 장점이었는지 보여 주는 사례이지요.


## 외국인 선교사가 세운 학교들

개항 후 근대 교육에 외국인 선교사들을 빼놓을 수 없지요. 1885년에 미국인 아펜젤러는 서울 정동에 학당을 세웠습니다. 우리나라에 외국인이 세운 최초의 학교로, 기독교인을 양성하고 근대 국가의 인재를 길러 내려는 목적으로 설립되었어요.

아펜젤러

아펜젤러와 배재 학당 학생들

처음에는 학생 두 명으로 출발했지만 이듬해 스무 명으로 늘어났다고 해요. 고종도 관심을 갖고 '배재 학당'이라는 이름과 현판을 하사했습니다. '유용한 인재를 기르고 배우는 집'이라는 뜻이에요.

배재 학당은 선교사가 세웠기 때문에 영어와 성경 공부가 필수였습니다. 그 밖에 지리, 수학, 사회, 과학을 가르쳤고요. 체육 시간에는 다양한 스포츠를 즐겼다고 해요. 요즘 학교와 크게 다르지 않지요? 수업을 시작하고 마칠 때 종이 울리고, 중간에 쉬는 시간이 있으며, 일요일에 쉬는 것도 비슷해요.

제3조 등교 시간은 오전 8시 15분으로 (중략) 일과 시간은 4시까지로 하되, 나오고 물러갈 때는 뛰고 떠들지 못한다.

제4조 학교에 나올 때나 수업할 때나 쉴 때는 반드시 종을 울린다.

제19조 매 일요일에는 반드시 무슨 일이나 정지한다.

_1890년에 작성된 배재 학당 교칙

조선 사람들의 근대 생활 탐구

방과 후에는 오늘날 동아리 활동과 비슷한 특별 활동을 진행했어요. 서재필의 제안으로 열세 명의 학생이 주도하여 협성회를 만들었는데요. 이들은 배재 학당에서 매주 토론회를 개최했습니다. 토론회 주제로는 "국문(한글)만 쓸 것이냐, 국문과 한문을 섞어 쓸 것이냐."와 같이 당시 사람들의 생활과 밀접한 사회적인 내용에서부터 "아시아의 여러 국가는 서구의 방식을 빌려 개화해야 한다."라는 정치적인 내용까지 아울렀어요.

　　나아가 〈협성회 회보〉를 간행하여 교내외에서 큰 호응을 얻었습니다. 협성회의 토론은 일반인에게도 공개되었고, 〈협성회 회보〉도 신문처럼 발행되었어요.

복원된 배재 학당 동관 모습(서울 정동)

협성회의 활동은 지식인과 정치인, 대중이 두루 참여한 독립 협회의 만민 공동회로 이어졌어요. 사람들은 한자리에 모여 강연을 듣고 연설하고 토론하면서 점차 세상을 보는 눈을 깨우쳤습니다. 또한 국민으로서 민권을 자각하게 된 것이지요.

한편 배재 학당과 비슷한 시기에 여성을 위한 학당이 설립되었

### ◠ 우리는 이권 침탈에 반대합니다, 만민 공동회 ◡

갑신정변에 실패하고 미국으로 망명한 서재필을 기억하나요? 고종이 러시아 공사관으로 피난 간 아관 파천(1896) 이후로 열강의 이권 침탈이 심해지자, 서재필은 십여 년 만에 귀국해 〈독립신문〉을 창간해요. 이후 뜻있는 관리, 지식인들과 독립문 건설을 명분으로 독립 협회를 만들지요. 독립 협회는 우리나라 최초의 정치·사회 단체예요.

독립 협회는 1898년 3월 10일, 종로에서 만민 공동회를 열어요. 만민 공동회는 우리나라 최초의 근대적 민중 집회예요. 신분에 관계없이 모든 사람이 다 참석할 수 있었는데요. 처음으로 만민 공동회가 열리던 날, 무려 일만여 명이 모였다고 합니다.

이 집회에서 러시아의 내정 간섭과 이권 요구를 비판하고 근대적인 정치 개혁을 요구했어요. 그 기세가 어찌나 거셌던지 러시아가 한발 물러설 정도였다지요.

이처럼 강력한 지지를 받던 독립 협회가 수구 세력을 비판하자, 수구 세력은 독립 협회가 공화정을 실시하여 다른 사람을 대통령에 앉히려 한다고 모함했어요. 위기의식을 느낀 고종은 무력으로 독립 협회를 해산시킨답니다. 그렇지만 만민 공동회를 통해 국민들의 정치의식은 한층 높아졌어요.

조선 사람들의 근대 생활 탐구

습니다. 바로 미국인 선교사 스크랜튼이 정동에 설립한 이화 학당이에요.

사실 그 전까지 조선에 여성들을 위한 학교는 없었어요. 대부분 십 대 초중반 정도에 혼인을 했기 때문이에요. 그나마 양반 여성들이 적으나마 글을 배우고 유교 교육을 받았을 뿐이지요. 또 남녀가 일곱 살이 넘으면 가족을 제외하고 한자리에 앉지도 못하게 했습니다. 여성은 외출할 때 장옷이나 쓰개치마로 얼굴을 가려야 했고요.

이러한 분위기에서 이화 학당에 딸을 입학시키려 나서는 부모는 거의 없었습니다. 심지어 외국인 선교사들이 아이들을 외국에다 팔아 버린다는 소문까지 돌았지요. 결국 스크랜튼은 학생을 직접 찾아 나섰습니다. 의심이 가득한 학부모를 안심시키기 위해 다음과 같은 계약서까지 작성했어요.

미국인 선교사 스크랜튼은 조선인 박 씨와 다음과 같이 계약하고, 이 계약을 위반할 때에는 어떠한 벌이든지 어떠한 요구든지 다 받기로 함. 나는 당신의 딸 복순이를 맡아 기르며 공부시키되, 당신의 허락이 없이는 서방은 물론 조선 안에서 단 10리(약 4km)도 데리고 나가지 않기를 서약함.

이렇게까지 해서 가까스로 학생들을 모았지만 여전히 어려움

스크랜튼 선교사와 이화 학당 학생들(왼쪽), 학생들이 체조하는 모습(오른쪽)

이 있었습니다. 남녀 구별이 엄격했던 시대라 무조건 여교사가 수업을 맡아야 했거든요. 한문 과목은 남교사가 가르쳤지만, 뒤돌아 앉은 채 학생의 질문에 대답을 하거나 병풍을 쳐서 얼굴을 가리고 수업을 했지요.

그뿐만이 아니에요. 이화 학당의 체조 수업에 대해서는 큰 사회적 논란이 있었습니다. 여학생들이 손을 내밀어 흔들고 다리를 벌리며 뛰는 모양에 학부모들이 깜짝 놀랐거든요. 하인들을 시켜 딸들을 데려오게 하거나 학교를 못 다니게 하기 위해 문중 회의까지 열었어요. 심지어 이화 학당에 다니는 학생은 며느리로 삼지 않겠다는 말까지 나올 지경이었다나요.

조선 사람들의 근대 생활 탐구

이러한 우여곡절 속에서도 이화 학당은 꿋꿋이 유지되었습니다. 나아가 여성을 제약하는 사회적 인습과 편견을 하나씩 깨뜨려 나갔지요.

그리고 발의 노출을 꺼리던 시대였지만 발목이 보이는 짧은 통치마가 등장했어요. 치마 길이도 점점 짧아졌고요. 여성의 초중등 교육뿐 아니라 고등 교육에 대한 열망도 점점 커져 갔어요. 그리하여 1910년에는 이화 학당 대학과가 설치되었고, 의사·간호사·교사 등 전문 직업을 가진 여성들이 나타나 당당한 사회인의 한 사람으로 생활했습니다.

이화 학당 외에도 여학교들이 하나둘 설립되면서 더 많은 여성이 권리를 깨닫고 자신의 삶을 개척하게 되어요.

## 여성의 권리를 외치다

이화 학당을 시작으로 조선에서 여성 교육의 기회가 조금씩 확대되기 시작했습니다. 사람들의 인식도 차츰 변화했고요. 1897년 9월 19일, 독립 협회에서 주관한 토론회에서 사람들은 "부녀자를 교육하는 것이 의리상·경제상으로 마땅하다."라는 결론을 내리기도 했어요.

이듬해 9월 1일에는 우리 역사상 최초의 여성 단체인 찬양회가 주도하여 여성 인권 선언문이라고 할 수 있는 '여권통문'을 발표했습니다. 이 글은 여러 김 소사, 이 소사들의 이름으로 세상에 나왔는데요. 여기서 '소사'는 실제 이름이 아니라 성 뒤에 붙이는 호칭으로 김씨 부인이나 이씨 부인 같은 뜻이에요.

비록 실제 이름을 밝히지는 못했지만, 이 글에서 여성들은 "신체 수족 이목이 남녀 간에 다름이 없는데, 어찌하여 여자는 병신 모양으로 평생을 집 안 깊숙한 곳에 있게 하며 남자의 통제를 받는가!"라고 외쳤습니다. 나아가 여성 교육을 위한 학교 설립을 요구했지요.

> 이제는 옛 풍속을 모두 폐지하고 개명 진보하여 우리나라도 다른 나라와 같이 여학교를 설립하고, 각기 여자아이들을 보내어 각종 재주를 배워 이후에 여성 군자들이 되게 할 목적으로 지금 여학교를 창설하오니, 뜻을 가진 우리 동포 형제, 여러 여성 호걸님들은 각기 분발하는 마음으로 귀한 여자아이들을 우리 여학교에 들여보내려 하시거든, 바로 이름을 적어 내기 바라나이다. _〈황성신문〉(1898. 9. 8.)

이 글은 〈황성신문〉에 실려 널리 읽혔습니다. 우리 역사상 여성들이 공개적으로 어떤 요구를 한 것은 처음 있는 일이었지요. 이를 두고 당시 외국에 다녀오거나 서양 지식을 공부했다던 개화 지식인들조차도 매우 놀라워했어요.

그리하여 마침내 1899년에 여성들의 손으로 순성 여학교를 설립했습니다. 오늘날의 초등학교에 해당하며, 교장은 찬양회 부회장이었던 김양현당이 맡았어요.

순성 여학교는 몇 년 뒤 재정 등 여러 가지 문제로 사라지게 되지만, 이들의 노력은 1908년 '세계 여성의 날'의 기폭제가 된 여성 노동자 운동보다 십 년이나 앞섰다는 데 큰 의미가 있습니다. 민주주의와 인권 선진국이라고 할 수 있는 영국에서조차 여성의 투표권과 참정권이 없던 시대에 우리나라에서 여성의 권리 찾기가 시작되었으니까요. 그것을 기려, 2020년에 대한민국 정부는 9월 1일을 '여권통문의 날'이라는 법정 기념일로 정했어요.

한편, 대한 제국의 황실에서도 여성 교육에 큰 관심을 가졌습니다. 고종의 후궁이며 영친왕의 어머니인 순헌황귀비 엄씨는 1906년에 지금의 서울시 종로구에 명신 여학교를 세워 여성 교육에 큰 역할을 담당했지요. 이 학교는 현재의 숙명여자중·고등학교와 숙명여자대학교로 그 역사와 전통을 이어 가고 있어요.

양장 차림을 한 순헌황귀비 엄씨

## 교육으로 나라를 세우자

개항 후 설립된 신식 학교들은 신분과 성별을 떠나 더 많은 사람에게 배움의 기회를 주었습니다. 그 전의 조선 시대 교육은 지배층을 위한 것이었지요. 성리학을 공부해 과거 시험에 합격한 뒤 관리가 되는 일이 양반 남성들의 최고 목표였으니까요.

그러나 조선이 더 넓은 세상과 교류하게 되면서 알아야 할 것들이 매우 많아졌습니다. 예전과 같은 교육으로는 시대의 변화를 따라갈 수 없게 된 거지요.

결국 1894년 갑오개혁으로 과거제가 폐지되었어요. 과거 시험 준비를 하던 양반들에게는 날벼락 같은 일이었을 것입니다. 이듬해 2월, 고종은 '교육입국 조서'를 반포하여 교육에 힘쓰도록 당부했습니다.

교육은 실로 나라를 보존하는 근본이다. (중략) 너희들 신민은 임금에게 충성하고 나라를 사랑하는 심정으로 너의 덕성, 너의 체력, 너의 지혜를 기르라. 왕실의 안전도 너희들 신민의 교육에 달려 있고, 나라의 부강도 너희들 신민의 교육에 달려 있다.

위의 글에는 모든 사람이 인성과 건강, 지식을 두루 갖춘 인재가 되도록 배움에 힘써야 한다는 뜻이 담겨 있습니다. 이를 계기로 소수의 엘리트가 아니라 전 계층을 대상으로 하는 교육 제도가 마련되었습니다.

1894년 9월 18일, 우리나라 최초의 공립 초등학교라고 할 수 있는 관립 교동 소학교가 개교했습니다. 당시 교동 소학교에서는 왕실의 자녀들과 유력 양반 자제들이 서구식 근대 교육을 받았으나, 점차 전국적으로 소학교가 늘어나면서 일반 대중의 자녀들도 입학하여 공부하게 되었지요.

또한 학생을 가르칠 수 있는 교사를 양성하기 위해 한성 사범 학교가 세워졌어요. 여기서 사범이란 '모범이 되는 스승'이라는 뜻인데요. 현재 교사를 양성하는 사범 대학에서 그 뜻을 이어 가고 있지요.

그 무렵 조선은 세계의 변화에 크게 흔들리고 있었습니다. 서양 국가들의 이권 침탈이 계속되었으며, 일본은 점점 더 노골적으로 조선을 침략하기 시작했어요. 이에 맞서 우리의 민족정신을 세우고 훌륭한 인재를 양성하려는 노력이 이어졌습니다.

안창호

이승훈은 평안북도 정주에 오산 학교를, 안창호는 평양에 대성 학교를 세웠습니다. 이들은 일제의 침략과 내정 간섭에 맞서 자

대성 학교 졸업 사진

주 독립을 꾀하고 공화국 수립을 위해 노력했다고 평가되는 비밀 결사 단체인 '신민회' 회원이었어요.

학교는 교육을 통해 젊은이들이 새로운 지식을 쌓고 개인의 명예와 이익을 추구하는 곳이 될 수도 있지만, 이승훈과 안창호와 같은 지식인들이 공동체를 위해 헌신하고 열정을 바치는 창구 역할을 하기도 했습니다.

개항을 계기로 시작된 근대 교육은 조선에 많은 변화를 가져왔습니다. 사람들은 다양한 외국어를 익히면서 넓은 세계를 접했고, 자유, 평등, 인권 등 인간의 기본권에 대한 인식도 자라났습니다.

또한 신분과 성별, 계층에 상관없이 모든 사람을 위한 교육을 추구하게 되었지요. 특히 신분제가 사라지면서 교육은 인생을 바꿀 수 있는 절호의 기회가 되기도 했어요. 당시 사람들의 교육에 대한 열정과 믿음은 새로운 세상으로 나아가는 밑거름이 되었답니다.

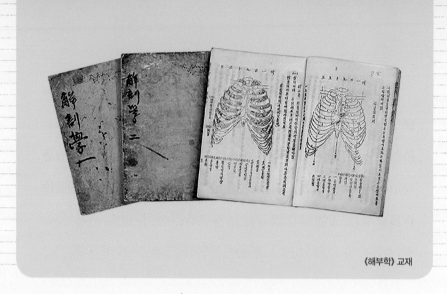

《해부학》교재

# 근대 의료를 개척한 사람들

위의 사진은 한글로 쓰인 최초의 해부학 교재입니다. 이 책은
제중원 의사 에비슨과 의학생 김필순이 함께 만들었는데요. 원
래 조선에서는 해부학을 연구할 수가 없었어요. 유교 사회에서
해부는 죽은 사람의 몸을 훼손하는 행위로 여겨 금기시되었거든
요. 이러한 사회 분위기에서 한글로 된 해부학 교재가 완성된 것
은 매우 놀라운 일입니다. 그렇다면 조선에 서양 의술은 언제 어
떻게 들어왔을까요?

## 사람을 구하는 집, 병원이 생기다

1884년 12월 4일, 우리나라 최초의 우편 업무 기관인 우정총국의 개국 축하 연회가 열렸습니다. 당연히 조선의 높은 관리들과 외국 공사관 인사들도 모였지요. 그런데 갑작스럽게 화재가 발생하고 사람들이 우왕좌왕하기 시작했어요. 급진 개화파가 갑신정변을 일으킨 것입니다.

홍 참판(홍영식)이 우정총국에서 연회를 열었다. 그동안에 [담장 밖에서] 화재가 발생했다. 민 참판(민영익)은 양해를 구한 뒤 화재 진압을 돕기 위해 밖으로 나갔다. [중략] 민 참판은 양쪽에서 공격을 받았는데 [중략] 몸 여러 군데에 자상을 입었다. _조지 클레이튼 포크

이때 왕비의 조카인 민영익은 칼로 여러 군데를 심하게 찔렸습니다. 치명상을 입고 죽어 가는 그를 발견한 사람은 미국 공사 푸트와 외교 고문 묄렌도르프였어요. 이들은 일단 거리가 가까운 묄렌도르프의 집으로 민영익을 옮긴 뒤 미국인 의료 선교사 알렌을 불렀지요.

알렌이 도착했을 때 한의사들이 민영익을 치료 중이었는데요. 출혈 부위에 일종의 한약인 고약을 막 바르려던 참이었습니다. 알렌은 급히 민영익의 끊어진 동맥을 연결하고 상처를 꿰매어 봉

합하는 수술을 해요. 이 수술이 우리나라 기록에 남은 공식적인 첫 외과 수술이에요.

수술 후 민영익의 몸이 회복되자 고종은 알렌과 서양 의술을 신뢰하게 되어 곧 우리나라 최초의 서양식 병원인 광혜원을 설립하고 알렌에게 환자들의 치료를 맡겼습니다. 약 이 주 후엔 광혜원을 제중원으로 이름을 바꾸었어요. '임금님의 은혜가 널리 베풀어지는 집'에서 '여러 사람을 구하는 집', 즉 생명을 구하는 병원이 된 것이지요.

제중원은 서양식 병원이었지만 조선 정부가 관리하고 운영했어요. 조선 관리가 병원의 책임자로 임명되었고, 의사를 보조할 학도 네 명을 두었습니다.

연세대학교 내 복원된 제중원의 모습

또한 문지기들이 병원 외문과 내문을 나누어 맡고 순번표 발급과 접수를 담당했지요. 장기 치료가 필요한 환자들은 일인실부터 다인실까지 각자의 형편에 맞추어 입원했습니다. 치료비는 병이 나은 후 계산했고, 가난한 환자들은 무료로 치료를 받을 수 있었어요.

제중원이 설립된 초기만 하더라도 서양인 의사와 서양 의술을 두려워하는 조선 사람이 많았습니다. 특히 사람의 몸을 째는 외과식 시술이나 주사로 약물을 주입하는 모습을 몹시 낯설게 여겼는데요. 심지어 서양 의사들을 사람의 배를 갈라 간을 빼먹는 서양 귀신이라 부르기도 했지요.

그렇지만 점차 서양 의술의 효과가 알려지면서 제중원을 찾는 사람들이 늘어났습니다. 제중원에서 백내장 수술도 시행되었는데, 이 수술로 밝은 세상을 보게 된 사람들은 서양 의술에 감탄해 마지않았어요.

그렇게 많은 환자를 치료하던 제중원의 운영이 점차 어려워졌어요. 알렌에 이어 제중원을 책임지던 미국 선교사 헤론이 사망한 데다 조선 정부는 정치적으로 매우 혼란해서 제중원의 운영 비용을 감당하기가 힘들었거든요.

결국 1894년에 제중원의 운영권이 의료 선교사로 조선에 부임한 에비슨에게로 완전히 넘어갔습니다. 그 후 사업가 세브란스의 기부를 받아 1904년에 남대문 밖 도동(복숭아골)에 새로운 병원 건물이 지어졌어요. 이름도 세브란스 병원으로 바뀌었고요.

세브란스 병원은 환자를 치료할 뿐만 아니라 의학을 가르치고 연구하는 기관이었습니다. 이곳에서 의사의 꿈을 키워 나간 젊은이들이 많았지요.

## 독립 투사가 된 의사들

빛바랜 다음 사진은 세브란스 병원 의학교 1회 졸업생들의 모습입니다. 가운데 앉아 있는 사람이 허스트 교수이고, 함께 자리한 일곱 명의 젊은이가 졸업생들이에요. 마침내 국내에서도 서양 의학을 익히고 면허를 취득한 의사가 배출된 것이지요.

사실 이들보다 먼저 의사가 된 사람이 있습니다. 바로 서재필이에요. 그는 갑신정변 실패 후 미국으로 망명했는데, 그때 미국 의사 면허를 취득했어요. 그렇지만 조선에서 의사로 활동한 적은 없습니다.

일곱 명의 졸업생들은 의사로서 많은 사람의 생명을 구했고, 또 꾸준하게 후학들을 길러 냈어요. 김필순은 앞서 소개한 대로 에비슨과 함께 해부학 교재를 만든 인물입니다. 그는 배재 학당에서 영어를 배웠는데요. 그 실력이 우수하여 에비슨의 강의를 통역했고, 각종 의학 교재를 번역했지요. 우리 말로 된 기본 의학서가 갖추어진 데는 그의 공로가 매우 컸습니다. 또 홍석후는 1회 졸업생 중 가장 오랫동안 의학교에서 강의를 했으며, 안과·이비인후과 분야의

세브란스 병원 의학교 제1회 졸업생

발전에 크게 기여했습니다.

그런데 이들이 공부하던 때는 일제에게 국권을 위협받던 시기였어요. 1회 졸업생들은 안락한 길을 포기하고 사회에 봉사하거나 독립운동에 힘을 보탰지요. 그중 김필순, 주현측, 신창희, 박서양은 지금 독립 유공자로 등록되어 있습니다.

김필순은 1907년에 대한 제국의 군대가 해산을 거부하고 일본군과 교전을 벌일 때 세브란스 병원에서 부상병들을 돌보았어요. 비밀 결사 신민회 회원으로 활동하다가 만주로 망명했고, 그곳에서 의사로 일하며 번 돈을 전부 독립군에 기부했지요.

주현측은 김필순과 함께 신민회 활동을 했고, 나중에 중국 상하이로 망명하여 대한민국 임시 정부에서 활동했습니다. 귀국

후에는 병원을 운영하면서 번 돈을 독립운동 자금으로 보내다가 일본에 들켜 혹독한 고문을 받고 순국했어요.

신창희는 대한민국 임시 정부의 군의관으로 일했고, 박서양 역시 국외에서 동포들과 독립군을 치료했습니다. 그런데 박서양은 다른 졸업생들보다 조금 더 특별한 사연이 있어요. 백정 출신으로 의사가 되었거든요.

조선 시대에는 소나 돼지를 잡는 도살업자인 백정이 있었습니다. 이들은 노비보다 못한 처지로 거의 사람 취급을 받지 못했답니다. 심지어 어른이 되고 나서도 동네 아이들에게 반말을 들어야 했지요. 1894년 갑오개혁으로 신분제가 폐지된 뒤에도 백정에 대한 차별과 멸시는 여전히 남아 있었어요.

백정이었던 박서양의 아버지 박성춘은 자신의 장티푸스를 치료해 준 제중원 의사 에비슨을 찾아가 아들을 가르쳐 달라고 간청했습니다.

에비슨은 박서양의 성실함을 눈여겨보고 잔심부름을 맡겼는데, 아침 일찍 일어나 병

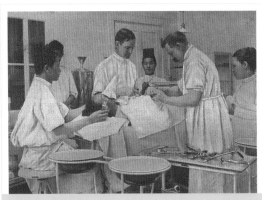

세브란스 병원 수술실. 허스트(왼쪽)와 에비슨(오른쪽) 사이에 있는 인물이 박서양이다.

조선 사람들의 근대 생활 탐구

## ⌒ 백정 박 씨, 관민 공동회 연단에 올랐던 사연 ⌒

외국인 선교사가 백정과 일반 신도를 같이 앉게 하자 몇몇 신도만 남고 모두 나가 버렸다지요. 백정은 그만큼 많은 차별을 견디며 살아야 했어요. 이런 분위기에서 '나랏님도 백정도 다 똑같은 환자'라며 자신을 정성껏 치료해 준 에비슨에게 백정 박 씨는 크게 감동을 받습니다. 그는 백정 최초로 세례를 받고 새로운 이름을 얻었지요. 그 이름이 바로 박성춘이에요.

박성춘은 백정에 대한 차별을 없애기 위해 발 벗고 나섰습니다. 여러 번의 상소문을 올려 백정에 대한 차별을 철폐를 주장하기도 했지요. 이는 조선 정부가 1895년 '백정 차별을 금지한다'는 칙령을 발표하는 데 매우 큰 영향을 주었어요.

삼 년 뒤, 청일 전쟁에서 승리한 일본의 침탈이 점점 심해지자 박성춘은 독립 협회가 개최한 관민 공동회의 연사로 등장합니다. 뜻밖의 멋진 연설로 시민들에게 깊은 인상을 남겼지요.

> 이 사람은 바로 대한에서 가장 천한 사람이고 매우 무식합니다. 그러나 임금께 충성하고 나라를 사랑하는 뜻은 대강 알고 있습니다. 이제 나라를 이롭게 하고 백성을 편리하게 하는 방도는 관리와 백성이 마음을 합한 뒤에야 가능하다고 생각합니다.

모든 백성이 국가를 떠받치는 기둥이 될 때 국가의 힘이 더욱더 공고해진다는 내용의 명연설이었어요. 이름도 없이 차별받던 백정이 관민 공동회의 연사가 된 모습은 당시 사회가 얼마나 역동적인 변화를 맞이하고 있었는지를 확인하게 해 줍니다.

원 안팎을 청소하고 온갖 지저분한 쓰레기를 처리했다고 해요. 마침내 박서양은 에비슨의 추천으로 세브란스 병원 의학교 학생이 되었습니다.

하지만 박서양은 처음에 백정 출신이라는 이유로 동료 학생들과 환자한테 조롱과 천대를 받았습니다. 심지어 학생들은 그와 함께 공부할 수 없다며 제중원에 항의를 하기도 했지요. 에비슨은 인간은 모두 평등하다는 사실을 내세우며, 박서양이 의사가 되기 위하여 얼마나 노력하는지를 알려 다른 학생들을 설득했어요.

박서양은 팔 년 동안 치열하게 공부한 끝에 마침내 의사가 되었습니다. 그는 의사와 교수로 일하다 편하게 살 수 있는 길이 있는데도 마다하고 만주로 가서 구세 의원을 설립했어요. 그 후 대한 국민회 군사령부 군의관으로 활동하면서 더 이상 차별받는 백정이 아니라 다른 모든 이와 평등한 인간으로 살아갔지요.

이처럼 국내에서 처음 면허를 받은 세브란스 병원 의학교 1회 졸업생들은 의사로서, 독립운동가로서, 편견을 극복한 개척자로서 의미 있는 삶을 가꾸어 갔습니다.


## 여성, 근대 의료의 문을 열다

서양식 병원이 곳곳에 문을 열었지만, 여성들에게 병원 문턱은 여전히 높았어요. 남녀 구별이 엄격하던 시절이라, 여성들은 남성 의사에게 진료받는 것을 몹시 불편하게 여겼지요. 이러한 시대에 미국까지 가서 의사의 꿈을 이룬 여성이 있었습니다.

> 부인 의학 박사 환국하심. 〔중략〕 미국에 가서서 견문과 학식이 넉넉하심이 우리 대한의 부녀들을 많이 건져 내시기를 바라오며 또 대한에 이런 부인이 처음 있게 됨을 치하하노라. _《신학월보》 창간호

《신학월보》라는 잡지에 '부인 의학 박사', '대한에 이런 부인이 처음'이라는 내용이 실려 있네요. 이 기사의 주인공은 우리나라 최초의 여의사인 박에스더입니다.

박에스더의 원래 이름은 김점동이에요. 김점동은 열 살 때 이화 학당에 네 번째 학생으로 입학했어요. 영어 실력이 좋았던 그는 1890년에 이화 학당 졸업 후 보구 여관의 여의사 로제타 셔우드 홀의 통역과 의료 보조를 맡았지요.

보구 여관은 조선의 여성들을 위해 이화 학당 내에 설치된 여성 전문 병원으로, '보호하고 구하는 여자들의 집'이라는 뜻입니다. 이곳에서 김점동은 로제타 홀 교수가 수

김점동의 볼티모어 여자 의과 대학 졸업 사진

로제타 홀 가족과 김점동 부부

술하는 모습을 보고 의사가 되기로 결심했답니다.

그때만 해도 국내에 여성이 체계적으로 의술을 공부할 수 있는 학교는 없었어요. 그래서 결국 김점동은 로제타 홀 교수의 도움을 받아 1895년 미국으로 떠났지요. 리버티 공립 학교에서 공부하면서 병원에 취직해 생활비를 벌었습니다. 이러한 노력 끝에 볼티모어 여자 의과 대학(지금의 존스 홉킨스 의과 대학)에 입학했고, 마침내 한국인 최초의 여성 의사가 되었어요. 앞서 살펴보았던 세브란스 병원 의학교 1회 졸업생들보다 훨씬 더 먼저 의사가 된 거예요.

그런데 김점동은 왜 박에스더가 된 것일까요? 김점동은 남편 박유산과 함께 미국에 건너갔어요. 이에 서양식으로 남편의 성을 따르고 기독교의 영향을 받아 에스더로 개명한 것입니다. 그 무렵 이화 학당 출신들 사이에서는 결혼하면 남편을 따라 성을 바꾸는 게 유행이었다고 해요.

박유산은 아내의 재능을 알아보고 헌신적으로 뒷바라지했습니다. 밤낮으로 농장과 식당에서 일을 하며 아내의 학비를 벌었지요. 그런데 안타깝게도 아내의 졸업을 이 개월 앞두고 그만 폐결핵에 걸려 세상을 떠났어요.

1900년에 귀국한 김점동은 보구 여관에서 의사로 일하다가 평양의 기홀 병원으로 옮겼습니다. 병원뿐 아니라 황해도와 평안도 일대를 돌며 무료 진료를 했지요. 십 개월 동안 약 삼천 명 이상의 환자를 돌보았다고 해요. 추운 겨울에도 당나귀가 끄는 썰매를 타고 환자를 찾아갈 정도였어요.

그 외에도 여러 학교의 교사로 활동을 하면서, 부인과 질병을 위한 수술법을 고안했어요. 그 공로를 인정받아 고종 황제로부터 은메달을 받았지요. 그렇게 밤낮없이 일하고 봉사하고 연구하던 그는 귀국한 지 십 년 만에 남편과 같은 폐결핵으로 세상을 떠났습니다.

비록 김점동의 삶은 짧았지만 많은 사람의 가슴을 울렸어요. 로제타 홀의 아들인 셔우드 홀은 김점동의 사망 원인인 폐결핵을 퇴치하기 위해 우리나라에 크리스마스실을 발행하기 시작했지요. 또 2006년에 과학 기술부는 김점동을 과학 기술 명예의 전당에 헌정하기도 합니다. 김점동, 즉 박에스더는 여성으로서 시대의 한계를 딛고 근대 의료의 길을 열었던 인물입니다.

## 운명을 바꾸고 최초의 간호사가 되다

우리나라 최초의 여의사인 김점동에게 큰 영향을 준 사람은 보구 여관 의사인 로제타 홀 교수였어요. 이 보구 여관에서 우리나라 최초의 간호사도 배출되었답니다. 바로 김마르다와 이그레이스에요. 이들은 보구 여관의 간호원 양성 학교를 1회로 졸업했지요.

두 사람은 간호사가 되기 전에 심하게 아팠다는 공통점이 있어요. 김마르다는 이름, 나이, 신분을 정확히 알 수 없지만, 1893년에 남편에게 심하게 폭행을 당하여 코 일부와 오른손 손가락이 잘린 채 보구 여관에 왔다고 해요.

겨우 치료를 받고 회복되었지만 가족들과 연락이 닿지는 않았습니다. 그 후 세례를 받고 김마르다로 개명한 뒤 보구 여관에서

이그레이스와 김마르다의 졸업 사진

환자를 돕는 일을 했습니다. 그리고 보구 여관 간호원 양성 학교가 생기자 입학을 한 거예요.

이그레이스는 원래 노비였습니다. 어릴 적 이름은 이복업이었는데, 다리가 썩는 괴사병에 걸려 제대로 걸을 수 없었습니다. 그러다 로제타 홀에게 수술을 받고 온전히 두 발로 걷게 되었지요. 서양 의술과 기독교에

감동한 이복업은 1897년에 정동 제일 교회에서 세례를 받았고, 그때부터 세례명인 이그레이스로 불렸어요.

이그레이스는 오전에는 이화 학당에 다니며 영어를 비롯해 여러 과목을 공부했고, 오후에는 기초적인 간호법을 배워 간호 보조 일을 시작합니다. 그러다 1903년에 보구 여관 간호원 양성 학교가 문을 열자 첫 학생들 중 한 명이 되었지요.

그 무렵 여성들은 결혼하면 공부나 일을 그만두고 남편의 사회생활을 위해 집안일을 하는 것이 일반적이었습니다. 그러나 이그레이스는 결혼 후에도 계속 간호사 공부를 하고 싶어 했어요.

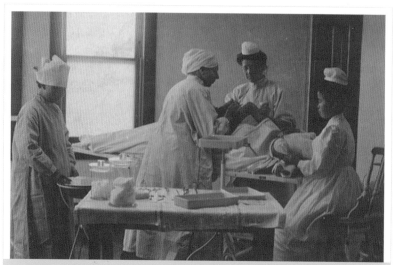
로제타 홀(왼쪽 두 번째)과 이그레이스(오른쪽 끝)의 수술 장면

이그레이스를 사랑하던 감리교 전도사인 이하영은 여러 사람 앞에서 공개 청혼을 한 뒤, 아내가 결혼 후에도 공부와 간호사 일을 하도록 남편으로서 최선을 다해 돕겠다고 약속했지요.

1907년에 이그레이스는 정동 제일 교회에서 예복으로 간호복을 입고 서양식 결혼식을 올렸습니다. 이그레이스와 이하영의 결혼은 점차 신분제가 사라지고 여성의 공부와 직업을 인정하는 남녀평등의 시대로 나아가는 모습을 보여 주어요. 공개 청혼을 비롯해 연애, 기독교식(서양식) 결혼식이 나타나는 새로운 사회 모습도 볼 수 있고요.

이그레이스는 공부를 마치고 1908년 11월, 한국인 최초로 정

조선 사람들의 근대 생활 탐구

식 간호 학교를 졸업한 간호사가 되어 보구 여관에서 근무합니다. 그 후 남편이 평양에 있는 교회로 발령이 나자 평양으로 가서 광혜 여원의 간호사로 일하는데요. 통역은 물론 수술 시 마취 담당까지 맡으며 의사 조수 겸 수간호사 역할을 하지요. 또 평양 자혜 병원에서 산부인과 과목을 이수하여 1914년에 의생 면허를 받고는 의사로 활동하게 된답니다.

남편의 폭행으로 콧등과 손가락이 훼손된 김마르다, 노비로 태어나 불구의 몸으로 살아갈 뻔한 이그레이스. 이들은 서양 의술과 교육을 통해 자신의 운명뿐 아니라 의료인으로 살면서 다른 사람의 삶 또한 바꾸어 나갔습니다.

"그들은 이주한 곳에서

희망찬 삶을 일구어 나가면서도

마음속 깊이 떠나온 조국을

그리워했던 듯합니다."

4

미래를
향해
나아가다

대한 제국 관련 기사가 실린 프랑스 신문 〈르 쁘띠 주르날〈Le Petit Journal〉〉

조선군이 입었던 면제 갑옷과 강화도 광성보 전투에서 미군에게 빼앗긴
어재연 장군의 수자기

# 근대의 군대, 무엇을 지켰을까

1871년 여름, 신미양요 당시 조선 군인들은 미군의 총탄을 막기 위해 두툼한 면제 갑옷을 입고 싸웠습니다. 면을 여러 장 겹쳐 제작한 면제 갑옷은 총알이 솜에 엉키면서 멈추는 효과를 노린 조선판 방탄조끼였지요. 그렇지만 안타깝게도 수백 명이 전사했고, 어재연 장군의 수자기도 빼앗겼습니다. 기록에 따르면 조선군 전사자는 약 삼백오십 명, 미군 전사자는 세 명이었습니다. 이처럼 조선군의 피해가 막대했던 이유는 무엇일까요?

# 구식 무기로, 맨주먹으로 싸운 조선 군인들

> 그렇게 좁은 곳에서 그토록 짧은 시간에 그처럼 많은 불꽃, 납덩이, 쇠붙이가 오가고 화약 연기가 자욱하였던 전투를 본 적이 없다.
>
> _그리피스, 《은자의 나라 한국》

신미양요 때 미군을 지휘했던 장교가 회고한 내용입니다. 1871년, 미군은 군함 다섯 척과 천이백여 명의 병력으로 강화도를 침략했어요.

조선군은 화승총이나 활과 화살, 칼과 창을 들고 맞서 싸웠지요. 면으로 만든 갑옷은 미군의 최신식 소총 앞에서는 아무 소용이 없었어요. 미군의 포탄이 터질 때 불꽃이 튀어 순식간에 불이 붙어 버리기 일쑤였거든요. 수많은 조선 군인이 불에 타 죽거나, 몸에 붙은 불을 끄려 바다로 뛰어들었다가 익사했습니다.

포격 후 미군은 강화도 갯벌에 상륙하여 거세게 공격했어요. 조선 군인들은 열악한 무기로 끝까지 용맹하게 싸웠지요. 무기를 잃으면 돌멩이와 모래를 미군의 얼굴에 던지기도 했어요. 바다에 몸을 던지거나 칼로 목을 찔러 자결한 경우도 있었지만, 미군에 항복하는 사람은 단 한 명도 없었습니다.

성채의 안팎에는 흰 전포를 입은 이백사십삼 구의 시체가 누워 있었다. 그들 중의 대부분은 두터운 아홉 겹의 솜으로 제작한 무명 갑옷을 입고 있었다. [중략]

그들은 포로가 되어 목숨을 부지하기보다는 차라리 살아 있는 자신을 화장하는 길을 택한 것이었다. [중략] 적어도 일백 구 이상의 시체가 강 위의 여기저기에 붉은 선을 그으며 떠내려가기도 하고 가라앉기도 했다.

_그리피스, 《은자의 나라 한국》

이렇게 참혹한 결과에도 불구하고, 조선 정부는 맞서 싸우려는 의지를 불태웠습니다. 미군은 조선을 무력으로 압박하여 개항하

신미양요 당시, 광성보에서 결사 항전하다가 전사한 조선군

조선 사람들의 근대 생활 탐구

려고 했지만, 결국 뜻을 이루지 못하고 철수했습니다. 신미양요 이후 조선 정부는 전국에 서양을 배척하자는 내용의 척화비를 건립했습니다. 그렇지만 한편으로는 서양 군대 못지않게 강한 군사력이 필요하다는 사실을 절실히 느꼈습니다.

## 별기군, 신식 군대로 첫발을 내딛다

1881년 4월, 조선 정부는 개화 정책의 일환으로 신식 군대인 별기군을 창설했습니다. 별기군은 군인 중 선발된 팔십여 명으로 구성되었어요. 별기군(別技軍)의 한자를 풀이해 보면, '특별한 군사 기술을 배운 군대'를 뜻해요. 새로운 군사 기술을 도입하여 신식 군대를 만들려고 한 것이지요.

별기군의 교관은 호리모토 레이조라는 일본 육군 소위였습니다. 그는 군사들에게 제식 훈련, 군사 기초 이론, 총기 사용법 등을 가르쳤어요.

별기군은 일본인 교관에게 훈련을 받는다고 하여 왜별기라고 불리기도 하고, 군복과 군화가 초록색이어서 초록 군대라는 별명이 붙기도 했습니다. 군복과 군화만 달랐던 게 아니에요. 월급도 꼬박꼬박 잘 나오는 데다 베르단 소총 같은 서양 무기를 지급받았거든요.

별기군

반면에 구식 군인들은 월급이 십삼 개월이나 밀릴 정도로 대우가 좋지 않았어요. 나중에 한 달치 월급만 먼저 쌀로 받았는데, 그 안에 모래와 벼의 껍질이 섞여 있었다고 해요.

지나친 차별 대우와 열악한 처지에 참다 못해 분노가 폭발한 구식 군인들이 결국 1882년에 봉기했습니다. 이 사건을 임오군란이라고 합니다.

구식 군인들은 고관들의 집과 일본 공사관을 습격한 뒤 궁궐로 몰려갔습니다. 당시 권력을 잡고 있던 민씨 가문은 명성 황후의 집안이었어요. 명성 황후는 가까스로 궁궐을 탈출했지요. 그사이에 흥선 대원군이 다시 권력을 잡았고, 개화 정책은 일시 중단되었습니다.

조선 사람들의 근대 생활 탐구

하지만 홍선 대원군이 혼란을 수습할 겨를도 없이 청군이 출동을 했어요. 그들은 홍선 대원군을 텐진으로 납치했고, 군란을 진압했어요. 그렇지만 이미 일본인 교관 호리모토는 군란 중에 피살되었고, 별기군은 해체되어 버렸습니다.

임오군란을 계기로 청이 조선에 군대를 주둔하고 내정을 간섭하면서 조선의 자주권이 크게 훼손되었어요.

## 농민군과 일본군 사이에서 정부의 선택은?

임오군란을 계기로 조선에는 청군과 일본군이 함께 주둔하게 됩니다. 일본은 자국민이 피해를 입었으니 공사관 경비를 위해 군대를 두어야 한다고 주장했어요.

이후 갑신정변 당시 무력 충돌을 빚었던 청군과 일본군은 조약을 맺고 조선에서 동시에 철수했습니다. 그런데 그로부터 채 십 년도 안 되어 조선 땅에서 청일 전쟁(1894~1895)이 벌어집니다. 청군과 일본군은 왜 다시 온 것일까요?

1894년, 조선에서는 동학 농민 운동이 일어납니다. 동학은 최제우가 창시한 종교로 "사람이 곧 하늘이다."라고 가르쳤어요. 개항 후 지배층의 수탈과 부정부패, 외세의 경제 침탈 등으로 고통받던 농민들에게 동학은 큰 위로가 되었지요.

이러한 가운데 전라도 고부 군수 조병갑의 수탈이 극에 달하자 견디다 못한 농민들이 들고일어났습니다. 정부는 조병갑을 파면하고 사태를 수습하고자 했으나 딱히 달라진 게 없었어요. 결국 동학의 지도자였던 전봉준과 손화중 등이 농민군을 조직해 대규모 봉기를 일으켰지요.

동학 농민군은 부패한 양반들을 몰아내고 새로운 세상을 만들자고 외쳤습니다. 이들의 기세를 아무도 막을 수가 없었습니다. 심지어 군사 훈련도 받고 신식 총으로 무장한 정부군이 농민군에게 연달아 패할 정도였답니다. 농민군의 무기는 고작 화승총과 죽창, 장태 등이었는데도요.

황룡 전적지 기념탑에 조각된 동학 농민군. 장태를 굴리며 총과 죽창을 들고 싸우는 모습이다.

황토현 전투 기록화

화승총은 도화선에 불을 붙이고 방아쇠를 쏘아 발사하는 무기입니다. 발사하기까지 시간이 오래 걸리고 습기에 약하다는 단점이 있지요. 또 사거리가 짧기 때문에 농민군은 목표물에 최대한 접근하여 총을 쏘아야 해요.

이때 사용된 것이 바로 장태예요. 장태는 대나무를 엮어 만든 원통형의 물건으로 닭을 키우는 데 사용하던 둥지인데요. 농민군은 장태를 더 크게 만들고 그 속에 짚과 칼을 넣어서 총탄을 막았습니다.

이렇게 열악한 무기로 정부군을 이긴 농민군은 더욱 기세를 올려 전라도의 중심인 전주성을 점령했습니다. 깜짝 놀란 정부는 청에 군대를 요청했고, 조선의 상황을 주시하며 끼어들 기회를 엿보던 일본도 군대를 파병했습니다. 뜻하지 않게 청·일 군대가 동시에 들어오자, 나라 안을 안정시키고 외세를 내보내기 위해 조선 정부와 농민군은 서둘러 전주 화약을 맺었어요.

그런데 일본군이 별안간 경복궁을 점령한 후 청군을 기습하여 청일 전쟁을 일으켰습니다. 이번 기회에 청을 꺾고 조선을 장악하려는 야심을 드러낸 것이지요. 나라의 위기 속에서 동학 농민군이 다시 한번 봉기합니다.

이때 정부군이 일본군과 합세하여 농민군을 진압하러 파견되어요. 이들이 농민군을 공격하면서 공주 우금치에서 격전이 벌어졌어요. 최신식 스나이더 소총과 독일산 개틀링 기관총으로 무장한 일본군에게 농민군은 처참히 무너졌지요. 멀리서

동학 농민 운동의 전개

## ∽ 조선 땅에서 청과 일본이 맞붙다, 청일 전쟁 ∾

동학 농민군이 전주성을 점령하자 조선 정부는 청에 군대를 요청해요. 이때 호시탐탐 조선의 정세를 엿보던 일본이 자국민을 보호한다는 구실로 군대를 파병합니다.

조선 정부는 동학 농민군과 전주 화약을 맺고서 청나라와 일본 군대에게 나가 달라고 요청했지만 조금도 통하지 않았어요. 오히려 일본군이 경복궁을 습격해 친일 인사들로 내각을 세우고, 청나라 함대를 공격하면서 전쟁을 일으키지요. 이게 바로 1894년에 일어난 청일 전쟁이에요.

그 결과는 어땠을까요? 1895년 4월, 전쟁에서 패한 청은 일본과 시모노세키 조약을 맺어요. 청은 조선에 대한 영향력을 잃고, 일본에 막대한 배상금을 지급하지요. 결국 청일 전쟁 이후 동아시아에서는 중국 중심의 질서가 무너져 버리게 되어요.

부터 연속으로 날아오는 총탄에 장태나 화승총 같은 무기는 더 이상 통하지 않았습니다.

자국민을 지켜야 할 군대가 외세와 한편이 된 것은 매우 안타까운 역사의 한 장면입니다. 정부군은 조선의 백성들보다는 조선 정부와 왕을 지키기 위해 존재한 군대였던 것이지요.

## 고종을 지켜라! 일본에 저항한 시위대

1894년, 일본군이 경복궁을 점령한 사건은 고종에게 큰 충격

시위대의 모습

을 안겨 주었습니다. 이에 고종은 갑오개혁이 추진되던 시기에 궁궐과 도성을 지키는 시위대를 조직했습니다.

그렇지만 불과 몇 개월 후, 일본 낭인과 군인들이 경복궁에 난입하여 명성 황후를 참혹하게 살해한 을미사변이 일어나요. 이때 일본은 시위대까지 자신들의 음모에 가담하도록 강요했지요. 시위대는 일본군에 맞서 격전을 벌이다 나중에 해산되었어요.

이 사건들을 겪은 후, 고종은 일본의 영향력에서 벗어나기 위해 러시아 공사관으로 피신을 하는데요. 이를 아관 파천이라고 해요. 그 후 일 년 만에 경운궁(덕수궁)으로 돌아와서 대한 제국을 선포하고 황제에 즉위합니다. 이 무렵 부활한 시위대는 보병, 포병, 기병, 군악대 등으로 구성되었어요.

그런데 1904년에 러일 전쟁이 일어난 뒤, 어처구니없는 상황이 벌어집니다. 중립을 선언한 대한 제국에 일본군이 멋대로 들어와 서소문에 있는 시위대 병영에 주둔한 것이지요.

조선 사람들의 근대 생활 탐구

일본은 러일 전쟁이 끝나자 대한 제국에 을사늑약을 강요하여 외교권을 박탈하고 내정에 간섭하기 위해 통감부를 설치했습니다. 초대 통감으로 부임한 이토 히로부미는 원래 4개 대대였던 시위대를 2개 대대로 축소해 버렸습니다.

고종은 을사늑약의 무효를 선언하고 그 부당함을 알리기 위해 1907년 네덜란드 헤이그에 이상설, 이준, 이위종 등의 특사를 보냈어요. 일본은 이를 빌미로 1907년 7월 19일에 고종을 강제로 퇴위시켰습니다.

이에 일부 시위대와 민중들이 분노하여 이토 히로부미 통감 관

**여기서 잠깐**

### ☞ 한국을 두고 경쟁하다, 러일 전쟁 ☜

청일 전쟁 이후 동아시아에서 일본의 영향력이 커지는 걸 경계한 러시아·프랑스·독일은 시모노세키 조약에 이의를 제기해요. 이를 삼국 간섭이라고 해요. 결국 일본은 청에 랴오둥반도를 돌려주게 됩니다.

이후 일본은 만주와 한반도를 둘러싸고 러시아와 사사건건 대립해요. 이에 1904년 2월에 일본이 러시아의 함대를 기습 공격하면서 러일 전쟁이 시작됩니다.

러일 전쟁은 결국 일본의 승리로 막을 내렸습니다. 강대국으로 인정받던 러시아의 패배는 서구 사회에 큰 충격을 주었어요. 전쟁에서 승리한 일본은 미국, 영국, 러시아로부터 한국에 대한 독점적 지배권을 인정받았고, 한국에 을사늑약을 강요했어요.

저에 불을 지르고 일본군에게 돌을 던졌습니다. 격렬한 저항 속에서 사상자가 발생했지요.

(1907년 7월) 19일 오후 5시경에 시위대 병사 약 서른 명이 탈출하여 고종의 강제 퇴위와 관련한 한인의 길거리 연설을 단속하고 있던 고문 경찰관 및 그 부근에 있던 주변 사람들에게 발포하여 즉사자가 약 열 명, 경상자가 약 스물다섯 명이 발생하였음. _헌병 사령관 보고

이후 일본은 평양에 있었던 일본 군대를 한성으로 끌어들여 민중의 저항을 누르고자 했습니다. 또한 대한 제국의 군대를 아예 없애 버리려 했어요.

## 황제를 지키던 군대, 의병이 되다

일본은 대한 제국 정부에 한일 신협약(정미7조약)을 강요하고 부속된 비밀 각서에 따라 대한 제국의 군대를 해산시켜 버립니다. 현재 을지로 5가에 있었던 훈련원에서 1907년 8월 1일에 군대 해산식이 진행되었지요.

이날은 하늘에 먹구름이 짙게 끼고 비가 내렸어요. 해산식에 참여한 시위대 군인들은 군복의 견장이 뜯기고 소지하던 검을 일

본군에게 빼앗기는 수모를 당했습니다. 무장 해제된 군인들은 분노가 치밀었으나 일본군이 둘러싸고 총검을 겨누고 있어서 아무것도 할 수가 없었지요.

박승환

그런데 해산식 날, 시위대 제1연대 제1대대장 참령 박승환이 순국했습니다. 그는 군대 해산 조칙을 받아 들고 분개하여 유서를 쓴 후 서소문 시위대 병영에서 자결했지요. 자신의 목숨을 포기하면서 일본의 국권 침탈에 저항한 거예요.

군인이 나라를 지키지 못하고 신하가 충성을 다하지 못하면 만 번 죽어도 애석함이 없다.

박승환의 부대원들은 군대 해산의 명령을 받고 훈련원으로 가고 있었습니다. 무기를 반납하려던 순간, 부대원들은 박승환의 자결 소식을 전해 들었어요. 분노가 치민 부대원들은 무기 창고를 부수고 다시 총을 집어 들었지요.

다른 부대의 군인들도 합세하여 시위대 2개 대대가 군대 해산에 저항하면서 일본군과 교전이 시작되었습니다. 한성에서 대한 제국의 군대와 일본군이 교전한 것은 처음 있는 일이었지요.

　주요 전투는 시위대 병영이 있었던 서소문에서 이루어졌고, 수천 발의 총탄이 오고 가는 격전이 펼쳐졌어요. 하지만 탄약이 떨어진 시위대는 일본군의 우세한 화력에 밀려 결국 많은 사상자가 발생했습니다.

　군대가 해산된 뒤 다수의 군인들은 의병에 가담했지요. 일본의 침략 앞에 무너져 가는 나라를 그저 바라만 보고 있지 않았던 것입니다. 정규 훈련을 받은 해산 군인들의 합류로 의병의 전력이 한층 높아졌습니다.

매켄지가 촬영한 의병의 모습

그동안 황제의 군대였던 대한 제국의 군인들은 자신들과 민중을 위해 자발적으로 일본을 향해 총을 겨누었습니다. 그들 스스로가 운명을 선택한 것입니다. 이러한 저항 정신은 이후 항일 독립군의 뿌리가 되었습니다.

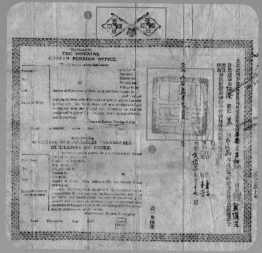

❶ 대한 제국을 상징하는 태극
   기와 오얏꽃 무늬
❷ 집조 발행을 담당한 부서의
   인장

대한 제국에서 발행한 집조

# 희망을 품은 한인들의 이주

위의 사진은 1904년 6월에 김도삼이라는 사람에게 발급된 '집
조'라는 문서입니다. 한문과 영어, 프랑스어로 작성된 이 문서는
바로 여권이에요. 평안도에 사는 서른일곱 살의 김도삼이 아내
와 두 아들을 데리고 미국 하와이로 간다는 내용이 적혀 있네요.
이 가족은 한 달 후 하와이에 무사히 도착하여 정착한 것으로 보
여요. 이처럼 대한 제국 시기에 여권도 발행이 되고 공식적인 이
민도 이루어졌습니다. 그런데 이들은 왜 조국을 떠났을까요?

## 살기 위해 이주를 결심하다

이주는 생활 기반을 송두리째 바꾸는 일입니다. 이주하는 과정에서 정든 고향, 가족, 친구와 헤어지는 아픔도 겪게 되지요. 그렇지만 살기 위하여 어쩔 수 없이 떠나는 사람들이 있었어요.

먼저 조선이 개항하기도 전에 몰래 국경을 넘는 사람들이 있었는데요. 그들은 만주, 간도, 연해주 지역으로 향했지요. 만주 지역은 청 왕조가 자기 민족의 발생지로 여기는 곳이어서 함부로 출입하지 못하도록 막았지만, 조선 사람들은 인삼을 채취하거나 농사를 짓기 위해 강을 건넜습니다.

처음에는 강을 건너가 농사를 짓고 다시 돌아오곤 하다가 아예 간도에 눌러앉는 경우가 늘었어요. 청 정부가 간도 지역의 토지 개간을 위해 한인들의 이주를 인정하고 세금을 걷는 방향으로 정책을 바꾸었거든요.

러시아가 1860년에 청으로부터 넘겨받은 연해주 지역도 상황이 비슷했습니다. 러시아는 이 지역을 개척하기 위해 중국인과 조선 사람의 이주를 일부러 눈감아주었지요. 1884년에 조러 수호 통상 조약이 체결되면서 러시아와 조선이 수교를 맺었지만, 조선 정부가 공식적으로 러시아 이민을 허락한 적은 없었어요.

조선 정부가 맨 처음 공식적으로 인정한 건 미국 하와이로의 이민이에요. 1902년 12월, 백스물한 명의 한인이 인천 제물포항에서 출발하여 일본에서 신체검사를 받았어요. 그중 열아홉 명을 제외한 나머지 사람들은 갤릭호를 타고 가 1903년 1월에 하와이에 도착했지요. 이들은 각지로 흩어져 사탕수수 농장에서 일했답니다. 이주 노동자의 삶을 살게 된 거예요.

갤릭호

사탕수수는 설탕의 원료인데요. 재배하는 데 많은 노동력이 필요했어요. 농장주들은 하와이 원주민들을 고용했지만 여전히 일손이 부족했지요. 중국인·일본인 노동자들은 턱없이 적은 임금과 인종 차별 문제 때문에 계약 기간이 끝나면 대부분 떠나 버렸습니다. 이러한 상황에서 한인 노동 이민이 추진된 거예요.

하와이 이민은 1905년 4월에 대한 제국 정부가 이민 금지령을 선포하면서 중단되었어요. 일본이 대한 제국의 이민 사업을 중단하도록 압박했기 때문입니다. 일본은 한인 노동자들의 이주가 줄어들면 일본인 노동자들이 고용되기가 유리하다고 여겼던 것 같아요.

한편, 1905년에 멕시코로 이주한 사람들도 있었습니다. 약 천여 명이 〈황성신문〉에 실린 이민 모집 광고를 보고 떠났어요.

　　북미 묵서가는 합중국(미국) 이웃에 있는 유명하고 부유한 나라로 날씨가 좋아서 악한 병이 없고 〔중략〕 부지런히 하면 반드시 후한 이익을 얻을 지라. _〈황성신문〉(1905. 1. 9.)

　　묵서가(멕시코)에 가면 큰 이득을 볼 수 있다는 말에 가난을 벗어나려는 사람들이 모여든 것입니다. 그중에는 부모를 따라가는 어린아이들도 많았다고 해요.

　　이들은 긴 항해 끝에 멕시코 메리다에 도착했고, 여기저기에 있는 '애니깽' 농장에 흩어져 일하게 되었어요. 한인들이 '애니깽'이라고 부른 에네켄은 선인장과에 속하며 잎이 두껍고 양옆에 날카로운 가시가 돋아 있는 섬유 식물이에요. 그 무렵 밧줄이나 노끈 등의 원료로 쓰여 그 수요가 매우 많았습니다. 처음 멕시코에 도착한 한인들은 사 년간 계약을 맺고 농장에서 일했어요.

　　그런데 이는 대한 제국 정부와 멕시코 정부 사이에 이루어진 공식적인 이민이 아니었습니다. 일본 인력 회사와 결탁한 사람이 신문에 과장 허위 광고를 게재하고 대대적으로 사람들을 모집한 것이었지요. 결국 멕시코로 이주한 이들은 타지에서 말할 수 없이 큰 고통을 겪게 되어요.

## 낯선 곳에서 겪은 시련과 고난

한인들은 부푼 꿈을 안고 떠났지만 낯선 땅에서 적응하기가 쉽지 않았습니다. 1904년 3월 3일, 〈황성신문〉에는 간도에 이주한 한인들의 안타까운 소식이 실렸는데요. 청 정부가 군대를 동원하여 한인을 때리고 재산을 빼앗았다는 거예요. 청의 땅에서 먹고살면서 한복을 입었다는 것이 탄압의 이유였어요. 이 과정에서 청군은 한인의 옷을 찢거나 머리를 강제로 깎았는데요. 이 소식을 접한 한인들의 민심이 크게 요동쳤지요.

러시아 연해주에서도 힘든 일이 있었습니다. 1870년대 한인들이 대규모로 이주하자, 러시아 정부는 조선이나 청과의 외교적 마찰을 걱정했어요. 조선이 한인들을 돌려보내라고 요구했기 때문이에요. 식량 생산을 위한 노동력이 필요했던 러시아 정부는 한인들을 다른 지역으로 이주시켰고, 한인들은 연해주 지역에서 흩어져 생활해야 했습니다.

이렇게 여러 지역으로 이주한 사람들이 겪는 인종 차별은 엄청난 시련이었습니다. 특히 미국으로 이주한 한인들이 심한 인종 차별을 겪었습니다. 한인과 중국인을 포함한 아시아계 노동자들은 '쿨리'라고 불리며, 열악한 환경 속에서 힘든 일을 했습니다. 중국인의 이민을 금지하는 법이 제정되기도 했고, 한인들 역시 백인으로부터 '더러운 중국인'으로 불리며 인종 차별에 시달렸습니다.

  고된 노동과 가난도 삶을 힘들게 했습니다. 하와이로 건너간 한인들은 사탕수수 농장에서 하루에 열두 시간 이상 일했습니다. 농장에서 주로 했던 일은 잡초 뽑는 일과 사탕수수 줄기를 자르는 일, 커다란 이파리를 잘라서 쌓아 놓는 일, 농장에 물을 대는 일 등 매우 다양했어요. 한인들의 증언에 따르면, 가장 고된 일은 수확하여 쌓아 놓은 사탕수수를 기차나 마차에 싣는 일이었다고 해요.

사탕수수 농장에서 일하는 한인 노동자의 모습

멕시코 에네켄 농장에서 일하던 한인 노동자들

　　하와이 한인들은 '루나'라고 불리는 농장 관리인의 감독을 받아야 했는데요. 가죽 채찍을 든 관리인이 노동자들이 정해진 시간에 제대로 일하는지 감시하는 역할을 맡았습니다.

　　멕시코의 에네켄 농장도 힘들기는 마찬가지였어요. 멕시코에 도착한 한인들은 미리 접한 이민 광고와 달리, 타는 듯한 태양 아래 노예처럼 가혹한 노동에 혹사를 당했지요.

　　사기당한 사실을 알았지만, 말도 통하지 않는 낯선 곳에서 한인들을 도와줄 사람은 아무도 없었습니다. 나중에 에네켄 농장을 탈출한 사람들의 증언과 허훼이라는 중국인의 편지 등으로 대한 제국 정부에도 이 실상이 알려지게 되었어요.

조선 사람들의 근대 생활 탐구

요즘 멕시코에 이민 간 사람들의 형편을 듣고 그 참상에 대하여 참을 수가 없다. 오늘 세계 각국에서 사람들을 사서 노예로 만드는 것은 다 엄하게 금지되어 있는데 서로 팔고 사고 한다니, 어쩌면 이럴 수가 있는가?

_《고종실록》

고종은 멕시코의 한인들을 송환할 방법을 찾아보라는 명을 내렸지만, 1905년 11월에 을사늑약으로 외교권을 일본에 강탈당하면서 아무것도 할 수가 없었습니다.

고난을 겪었던 한인들은 1910년에 대한 제국이 일본의 식민지가 되자 돌아갈 조국을 잃어버렸어요. 이들은 결국 간도와 연해주, 미국과 멕시코에 뿌리를 내릴 수밖에 없었지요.

## 희망을 품고 삶을 개척하다

이주한 한인들은 고생하기도 했지만, 잘 정착하여 부유해진 경우도 있었습니다. 영국 출신의 지리학자이자 작가였던 이사벨라 비숍은《조선과 그 이웃 나라들》에 다음과 같은 기록을 남겼어요.

내가 듣고 본 바에 따르면, 이곳(노보키예프스키) 주변의 모든 농민은 조선 사람으로서 생활은 부유한 편이었다. 이곳에서 조선 국경 지역에 이르기까지의 지역에 살고 있는 주민의 대다수는 생활 상태가 양호하였고, 이 주민 가운데 일부는 러시아 군대에서 밀과 곡식을 납품하며 재산을 축적하고 있었다.

비숍은 연해주의 조선 사람들은 부유하며 활기차다고 묘사했어요. 그 이유는 가혹하게 세금을 거두어 가는 관리들로부터 벗어나 자유롭게 재산을 모을 수 있었기 때문이라고 지적했습니다.

연해주 지역에서 상당한 자산가로 알려진 대표적인 인물로 최재형이 있습니다. 그는 어렸을 때 부모와 함께 연해주로 이주했습니다. 러시아 상선과 무역 회사에서 일하면서 러시아어를 유창하게 말할 수 있게 되었고, 러시아인의 생활 방식이나 장사 수완을 익히게 되었습니다.

최재형과 러시아 연해주 우수리스크에 있는 최재형 기념관

조선 사람들의 근대 생활 탐구

최재형은 연해주 지역의 한인들에게 아주 든든한 인물이었어요. 그는 러시아 정부가 인정한 한인 자치 조직의 대표로 임명될 만큼 많은 신뢰와 지지를 받았지요. 한인들의 대표가 된 뒤, 지역마다 학교를 설치하고, 한인들이 러시아 사회에 적응할 수 있도록 관심을 기울였습니다.

그러나 교육 사업에 필요한 돈이 부족했어요. 최재형과 한인들은 돈을 마련하기 위해 러시아 군대에 군복, 식량, 건축 자재 등을 공급하는 회사를 만들었지요. 다행히 사업은 날로 번창했고, 최재형은 거대한 자산가가 되었답니다. 그는 우수한 젊은이들을 러시아의 여러 지역에 유학을 보내는 등 교육적 지원을 아끼지 않았습니다.

한편 1905년에 을사늑약이 강제로 체결되고, 1907년에 대한 제국 군대마저 해산되자, 한인들이 간도와 연해주로 대거 이주했어요. 이 무렵 최재형은 의병 부대를 조직하여 항일 투쟁을 전개했지요. 우리가 잘 알고 있는 안중근 의사가 이 시기에 최재형과 함께 의병 활동을 했습니다.

안중근 의사는 육군 참모 중장의 직책을 맡았고, 1909년 하얼빈에서 초대 조선 통감이었던 이토 히로부미를 사살했습니다. 안중근 의사가 1910년에 일본 법정에서 재판받고 사형당했을 때, 안중근 의사의 가족을 돌본 사람이 바로 최재형이었어요.

최재형은 군수 사업으로 성공했고, 그렇게 번 돈의 대부분을 항일 투쟁에 사용했습니다. 그가 마련한 든든한 기반 위에서 1911년에 '권업회'라는 애국 항일 단체가 연해주에서 결성되어요.

미국으로 떠난 한인들도 점차 한인 사회를 형성하며 정착하기 시작했습니다. 한인 공동체를 주도한 인물은 바로 안창호였어요. 안창호는 1902년이던 스물다섯 살 무렵, 새로운 문물을 공부하기 위하여 미국으로 떠났습니다. 우여곡절 끝에 샌프란시스코에 도착했다가 미국인들이 한인들 간의 다툼을 보고 비웃는 광경을 목격하고는 한인들만의 공동체가 필요하다는 걸 느꼈습니다.

1904년 러일 전쟁이 일어날 무렵, 안창호는 일자리를 구하기 위해 리버사이드라는 지역으로 이동합니다. 안창호와 한인들은 이 지역 오렌지 농장에서 일하게 되었는데요. 안창호는 "오렌지 하나를 정성껏 따는 것이 나라를 위하는 일이다."라는 말로 사람들에게 성실, 노동의 가치를 강조하곤 했습니다.

1905년 무렵에 안창호는 한인 교포들과 함께 공립 협회를 만든 뒤 한인들의 권익 보호를 위해 힘썼어요. 또한 일제가 조선을 식민지로 만들려 한다는 소식이 전해지자, 항일 운동을 위한 목소리를 적극적으로 내었습니다.

이러한 노력에 힘입어 그들은 한인 사회를 형성하고 미국에 정착했어요. 또한 한인의 권익 보호와 교육에도 힘쓰게 되었지요.

이후 한인 2세나 3세 중에는 사업이나 학업 등 다양한 방면에서 성과를 거둔 경우가 늘어났답니다.

한편, 미국의 한인들은 고된 노동으로 모은 돈을 독립운동 자금으로 선뜻 내놓기도 했습니다. 안창호가 주도하여 만든 공립 협회는 훗날 대한인 국민회에 통합되었고, 여기서 모금된 독립운동 자금을 대한민국 임시 정부에 전달해 큰 보탬을 주었다고 해요.

오렌지 농장에서 일하는 안창호

## 멀리서도 조국을 그리워하는 마음

개항기에 다양한 이유로 조국을 떠났던 사람들은 여러 시련 속에서도 낯선 땅에 꿋꿋이 뿌리를 내렸습니다. 그러면서도 조국을 향한 그리움만큼은 지울 수가 없었지요.

윤동주 시인은 한국 사람이라면 누구나 알고 있는 유명한 시인입니다. 윤동주가 태어난 명동촌은 두만강 너머 북간도 일대에 한인들이 만든 마을이었어요. 1899년에 김약연, 문치정 등 백사십여 명이 이상적인 마을을 만들기 위해 집단 이주한 것이 그 시작이에요. 자신들의 마을을 '동방을 밝히는 곳'이라는 의미로 '명동촌'이라 이름 짓고, 인재 교육을 위해 명동 학교를 만들었지요.

여기서 잠깐

### ☙ 남편감을 찾아 하와이로 떠난, 사진 신부 ❧

하와이 사탕수수 농장에서 일하는 조선인들의 가장 큰 고민거리는 결혼이었어요. 하와이로 이주한 조선인은 대부분 결혼하지 않은 남성이었는데, 결혼할 여성을 찾기가 매우 힘들었거든요. 이들은 고향으로 사진을 보내 신붓감을 찾았습니다.

조선 여성 중에는 이주 결혼을 꿈꾼 사람들이 있었어요. 이들은 가난과 남녀 차별이 없는 희망찬 삶을 살겠다는 의지로 하와이에 사진을 보내 남편을 찾았지요. 이 여성들을 '사진 신부'라고 부릅니다.

이들은 일본의 식민 지배가 시작된 1910년 무렵부터 석 달 동안 배를 타고 태평양을 건너 하와이로 향해요. 대부분은 일본 제국의 여권을 발급받아 공식적으로 이주했지만, 모든 여성들이 여권을 발급받은 건 아니에요. 어떤 이는 중국 상하이를 거쳐 미국으로 밀항해야 했지요.

이렇게 어렵사리 현지에 도착한 여성들이 마주한 건 당혹스러운 현실이었습니다. 사진을 통해 본 신랑과 외모가 다른 경우도 있었거든요. 신랑들은 사진을 교환하면서 실제 나이를 속이기도 했고요. 게다가 말도 통하지 않는 데다 인종 차별까지 있었으니, 그 속내가 이만저만이 아니었을 겁니다.

그렇지만 이들은 하와이에서 새 삶을 시작하며 독립 운동은 물론 사업을 해서 생계를 잇고, 나아가 한인 사회에서 여러 가지 활동을 하며 주체적인 삶을 일구어 나갑니다. 이렇게 사진만 보고 결혼한 사진 신부가 무려 천여 명이나 되었다고 해요.

시인 윤동주가 바로 이 학교에 다녔고, 이후 명동 학교는 많은 독립운동가를 배출했어요.

> 헌 짚신짝 끄을고
> 나 여기 왜 왔노
> 두만강을 건너서
> 쓸쓸한 이 땅에
>
> 남쪽 하늘 저 밑엔
> 따뜻한 내 고향
> 내 어머니 계신 곳
> 그리운 고향집
>
> _윤동주, 〈고향집〉

윤동주가 작성한 시 〈고향집〉은 고향을 떠나 만주로 이주한 한인의 마음과 고민을 표현하고 있어요. 두만강을 건너서 쓸쓸한 땅에 와 있다는 윤동주의 시구가 어떻게 느껴지나요? 고향을 떠난 이민자의 쓸쓸한 심정과 고국에 대한 그리움이 절절하게 배어 있습니다.

고국이 그리웠던 이민자들은 어떻게든 고향의 소식을 듣고 싶어 했습니다. 멕시코로 떠났던 한인들은 〈동아일보〉 같은 신문이나 《삼천리》라는 잡지를 통해 일제의 식민 지배를 경험하던 조선의 소식을 전해 들었지요.

이들은 "본국 동포의 소식을 아는 것으로 큰 위로"가 된다는 말을 남겼습니다. 더불어 본국의 동포들이 힘을 써서 고국의 소식을 계속 전해 달라는 부탁의 글을 남기기도 했어요.

그리운 마음은 멕시코 이민자들의 묘지에도 남아 있습니다. 멕시코 메리다에 독립운동가 이종오의 가족 묘지가 있습니다. 이종오는 1905년에 멕시코 이민선을 탔던 조선 왕실의 후손으로, 조선을 떠나기 전까지 공립 학교 교사로 일했습니다.

그는 멕시코로 이주한 뒤 대한인 국민회와 교류하며 독립운동 자금을 보냈어요. 그의 묘비에는 다음과 같은 글귀가 한글로 또렷이 적혀 있지요.

> 1946년 9월 9일 별세. 향년 76세. 본은 전주 이씨 종오 분묘. 원적 대한 경성

미국 하와이 빅아일랜드의 공동묘지 중앙에는 '코리안 섹션', 즉 한인 묘지가 존재합니다. 한인 묘지는 1919년부터 만들어졌고 1960년대까지 집중적으로 늘어났습니다. 이는 개항기와 일제

강점기에 미국 하와이로 건너갔던 한인들의 무덤이에요.

묘지 앞에 세워진 비석에는 한국어로 이름과 고향이 적혀 있는 경우가 많습니다. 어떤 묘비에는 아버지에 대한 그리움이 담긴 '아부지'라는 글자가 적혀 있기도 하지요.

이곳에서 한인들이 고난과 희망의 삶 속에서 가졌던 가족과 고국에 대한 그리움의 흔적을 만날 수 있어요. 그들은 이주한 곳에서 희망찬 삶을 일구어 나가면서도 마음속 깊이 떠나온 조국을 그리워하며 이국에서의 고단한 삶을 버텨낸 듯합니다.

하와이 빅아일랜드 알라에 공동묘지 한국 이민 조상 기념비

[사진 출처]

· 14쪽, 〈밀희투전〉, 간송미술관
· 15쪽, 〈1500년대에 조선인이 썼던 안경〉, 〈조선을 깨우는 시계 소리, 자명종〉, 실학박물관
· 17쪽, 〈광동십삼행〉, 위키미디어
· 18쪽, 〈일본의 인공 섬 데지마〉, 위키미디어
· 21쪽, 〈하멜 표류기 삽화〉, 연합뉴스
· 26쪽, 〈가덕도 척화비〉, 국가유산청
· 27쪽, 〈남연군의 묘〉, 국가유산청
· 28쪽, 〈박규수 초상〉, 위키미디어
· 29쪽, 〈금릉 기기국〉, 개인 소장
· 32쪽, 〈제국주의 풍자화〉, 위키미디어
· 33쪽, 〈구로다 키요타카〉, 일본 국립국회도서관
· 33쪽, 〈신헌 초상〉, 서울대학교 박물관
· 34쪽, 〈영종도를 침략하는 일본군〉, 위키미디어
· 37쪽, 〈수호 조약 체결을 강요하는 일본군〉, 국립중앙박물관
· 38쪽, 〈연무당 옛터〉, 개인 소장
· 41쪽, 〈조미 수호 통상 조약 체결 기념비〉, 개인 소장
· 42쪽, 〈조영 수호 통상 조약을 체결하는 삽화〉, 개인 소장
· 44쪽, 〈보빙사 일행의 모습〉, 위키미디어
· 46쪽, 〈요코하마에 도착한 수신사 일행〉, 국립중앙박물관
· 49쪽, 〈기기국 번사창〉, 한국민족문화대백과사전
· 51쪽, 〈보빙사 일행의 모습〉, 미국 피바디에섹스박물관
· 53쪽, 〈FRANK LESLIE'S ILLUSTRATED NEWSPAPER〉, 책과인쇄박물관
· 54쪽, 〈우정총국 사진〉, 개인 소장
· 55쪽, 〈박정양〉, 개인 소장
· 60쪽, 〈와플을 굽는 틀〉, 국립고궁박물관
· 60쪽, 〈고종 황제의 은제 커피잔〉, 개인 소장
· 61쪽, 〈조선 사람의 밥상〉, 농민신문
· 62쪽, 〈시기별 밥그릇 크기〉, 젠한국
· 64쪽, 〈단원풍속도첩〉, 국립중앙박물관
· 64쪽, 〈풍속화〉, 국립중앙박물관
· 65쪽, 〈영화 고요한 아침의 나라에서의 한 장면〉, 연합뉴스
· 67쪽, 〈채유〉, 한국데이터베이스산업진흥원
· 69쪽, 〈조일 통상 장정 체결 기념 연회도〉, 한국문화원연합회
· 70쪽, 〈조병식이 개최한 서양식 만찬〉, 개인 소장
· 73쪽, 〈사진 엽서 손탁 호텔〉, 서울역사박물관
· 73쪽, 〈사진 엽서 손탁 호텔 내부 모습〉, 국립민속박물관
· 74쪽, 〈사진 엽서 명월관 본점 연회장 무대〉, 국립민속박물관
· 76쪽, 〈인천 선린동 공화춘〉, 국가유산청
· 78쪽, 〈동대문 앞을 지나가는 전차〉, 국립중앙박물관
· 79쪽, 〈경상 좌수영의 관리들〉, 프랑스 파리 장식미술관
· 79쪽, 〈어가 행렬 속 선글라스 낀 고종〉, 연세대학교 의과대학 동은의학박물관
· 81쪽, 〈세창 양행의 바늘집〉, 〈세창 양행의 상표〉, 국립민속박물관
· 82쪽, 〈상평통보〉, 국립중앙박물관
· 83쪽, 〈2전 5푼 백동화〉, 국립중앙박물관, 〈오푼〉, 〈일분황동화〉, 국립민속박물관
· 85쪽, 〈남대문통 1정목 거리〉, 서울역사아카이브
· 88쪽, 〈신한촌 기념비〉, 독립기념관
· 89쪽, 〈준창호〉, 위키미디어
· 92쪽, 〈보통학교 학도용 《국어 독본》에 실린 운동회 삽화〉, 국가기록원
· 94쪽, 〈1908년 춘계 운동회 사진〉, 국가기록원
· 95쪽, 〈축구공〉, 국립민속박물관
· 96쪽, 〈황성 기독교 청년회 건물〉, 서울YMCA
· 97쪽, 〈국내 첫 축구 공식 경기 사진〉, 대한축구협회
· 99쪽, 〈황성 YMCA 야구단〉, 국사편찬위원회
· 102쪽, 〈단성사 주보〉, 서울역사박물관
· 103쪽, 〈영화 〈아리랑〉 출연진의 모습〉, 한국영상자료원
· 104쪽, 〈창경궁에 설치된 동물원〉, 서울역사박물관
· 104쪽, 〈창경궁 대온실〉, 국가유산청

개항으로 세계를 만난
## 조선 사람들의
## 근대 생활 탐구

**첫판 1쇄 펴낸날** 2024년 5월 31일
**4쇄 펴낸날** 2024년 12월 20일

**지은이** 권나리 김승연 맹수용 박지숙 송치중 이은홍 조정은 최운 허두영
**감수** 역사교과서연구소
**발행인** 조한나
**주니어 본부장** 박창희
**편집** 박진홍 정예림 강민영
**디자인** 전윤정 김혜은
**마케팅** 김인진 김은희
**회계** 양여진 김주연

**펴낸곳** (주)도서출판 푸른숲
**출판등록** 2003년 12월 17일 제2003-000032호
**주소** 경기도 파주시 심학산로 10, 우편번호 10881
**전화** 031) 955-9010 **팩스** 031) 955-9009
**인스타그램** @psoopjr **이메일** psoopjr@prunsoop.co.kr
**홈페이지** www.prunsoop.co.kr

ⓒ 권나리 외 8인, 2024
ISBN 979-11-5675-496-1 44910
     978-89-7184-390-1 (세트)